全国干部传统文化与执政智慧培训教材

中国东方文化研究会国学文化专业委员会组编

天人治要

袁 航 编著

编委会

主 编 高宏存

副主编 刘 颖 李明军 张 泰

编委会成员

宫金琼 孟晓妍 袁 航 高玉敏

褚洪敏 洪 艳 岳文典 刘晓玲

彭一伶 刘 颖 田 媛 许盼盼

陈友军 官旿玲 洪荣福 张 银

曾俊森 杨寿良 武建宇 朱利侠

张红岭 张 泰 李明军 高宏存

人民东方出版传媒
东方出版社

图书在版编目（CIP）数据

天人治要／高宏存主编；袁航编著．—北京：东方出版社，2015.12

全国干部传统文化与执政智慧培训教材

ISBN 978-7-5060-8875-6

Ⅰ．①天… Ⅱ．①高… ②袁… Ⅲ．①哲学思想–中国–古代–干部

教育–教材 Ⅳ．①B21

中国版本图书馆 CIP 数据核字（2015）第 318025 号

天人治要

（TIANREN ZHIYAO）

高宏存 主编 袁 航 编著

策划编辑：李 斌 鲁艳芳

责任编辑：梁 欣

出 版：东方出版社

发 行：人民东方出版传媒有限公司

地 址：北京市东城区朝阳门内大街 192 号

邮政编码：100010

印 刷：北京佳顺印务有限公司

版 次：2016 年 3 月第 1 版

印 次：2016 年 3 月北京第 1 次印刷

开 本：710 毫米×1000 毫米 1/16

印 张：22

字 数：260 千字

书 号：ISBN 978-7-5060-8875-6

定 价：68.00 元

发行电话：(010) 64258117 64258115 64258112

总序　做传统文化的践行者

　　中华民族五千多年的历史文化源远流长，而文化的传承与演进推动了整个中华民族的历史进程，它是提高中华民族凝聚力的源动力，也是维系炎黄子孙这个大家庭的强有力纽带。因此，没有中华传统文化的深厚根基，也就没有华夏民族这棵参天大树。可以说，中华民族的发展史也正是中华传统文化的积淀史。

　　追溯"文化"源头，早期"文"与"化"其实是两个单独的概念，直到战国末期的《周易·象传·贲卦》中言"刚柔交错，天文也。文明以止，人文也。观乎天文，以察时变；观乎人文，以化成天下"，"文"与"化"才开始联用，并衍生出了"以文教化"的思想。后《说苑·指武》中有言："圣人之治天下也，先文德而后武力。凡武之兴，为不服也。文化不改，然后加诛。"《文选·补之诗》中也有"文化内辑，武功外悠"的论述。"文""化"开始形成一个词，而其陶冶性情、提高修养的功用则进一步被强化，"文化"也作为一种社会现象和历史现象成为国家和民族精神意识的反映。

　　虽然长期以来我们十分强调文化对于国家建设、民族发展的重要意义，但近些年随着我们对经济发展关注度的提高，人们渐渐疏离中国优秀的传统文化，传统经典被束之高阁，文化意蕴被当作古董，人们在追逐商业价值的过程中逐渐忘却了传统文化里先哲们所拥有的智慧。为民者不记得"采菊东篱下，悠然见南山"一诗所拥有的闲适，为官者忘却了"苟利国家生死以，岂因祸福避趋之"中所包含的勇往直前，对物质财富的追逐冲淡了中华传统文化的底蕴，但是，经济的发展从来都不应该以破坏文化底蕴为代价，联合国教科文组织《文化政策促进发展行动计划》中便指出："发展最终应以文化概念来定义，文化的繁荣是发展的最高目标。"经济的发展固然重要，但这种发展必须以对传统文化的尊重为前提，必须以深厚的文化底蕴为支撑；全民文化的倒退必然导致经济的衰退，而如果一个民族的文化开始荒芜，那么种族的退化甚至灭亡将在所难免。

当然，由于时代的不同，传统文化中也存在着与当今社会不相融合的东西，因此，我们对于传统文化要秉持辩证的眼光，要懂得"取其精华、去其糟粕"。而我们强调的对于传统文化的传承，正是要宣扬那些强化人际关系、主张个性解放、尊重精神自由的内容，是要传承先贤哲人们崇高的品德和高尚的情操，是要传承那些足以启发治国理政、修齐治平的内容。

中华民族悠久历史积淀的古老文化灿若星河，留存于那些浩如烟海的典籍当中，因此阅读古籍原典就成了我们了解、熟悉、传承传统文化的有效途径。

习近平同志曾说："中国传统文化博大精深，学习和掌握其中的各种思想精华，对树立正确的世界观、人生观、价值观很有益处……学史可以看成败、鉴得失、知兴替；学诗可以情飞扬、志高昂、人灵秀；学伦理可以知廉耻、懂荣辱、辨是非。"各级党员领导干部作为党和国家政策的执行者和实施者，必须重视对传统文化的继承与发扬，必须以一种表率的姿态在民众中树立起对国学经典与传统文化的重视，从而引导全国人民成为优秀传统文化的继承者和践行者。

本套丛书挑选国学经典中优秀的传统文化内容，除了意在弘扬璀璨夺目的中华文化，更重要的是为广大读者提供佐餐灵魂的精神食粮。愿我们成为中华民族传统文化的共同传承者和践行者。

序　言

　　"道"，是中国哲学的核心范畴，在某种程度上也可说是"最高"范畴。《周易·系辞上》中便有"形而上者谓之道，形而下者谓之器"，又有"一阴一阳之谓道"之说。以老子为代表的道家学派更是将"道"作为论说的首要对象，儒、墨、法、名、阴阳等家也同样论"道"，同样将"道"作为构建学说体系的根据与旨归。

　　"道"在现代汉字中写作"首+辶"，"首"代表"人"，"辶"代表"行"，在甲骨文中直接就呈现为一个"人"站在一个十字路口的状态。"人"站在十字路口，就要选择，就要确定一个方向、一条路径方能前行。所以从词源的角度上看，"道"就是在表述一个"人"向何处去，以及如何去的问题。它虽然看似虚无缥缈，但切切实实是一种对人的终极关怀。

　　那么，"人"该如何确定自己行动的"方向"？依照什么指导自己的行为？如何寻找确定自己的"道"呢？中国古人在长期的实践中形成了一种独特的"智慧"，即依据外部世界、自然世界出现的现象、征兆来启示、指导人的行为。从中华民族的人文始祖伏羲开始，便作"八卦"图，后来《连山》《归藏》《周易》，也都以各种不同的演化，通过自然界天地风雷水火山泽这"八卦"的复杂交叉变化来象征、隐喻人事。

　　到了老子那里，更是用一气贯通的手法，将天、地、人乃至整个宇宙的生成运行规律阐述出来，人与天、地、道并列为"四大", "人法地，地法天，天法道，道法自然"。在老子的思想中，"道"已经不仅仅指人的行为指导、行为法则，而更成为整个天地万物的基本运行法则，是一种本体性、本源性的存在。

"道"作为"第一因"，天、地、人乃至世间万物都要"法道"。它虽然难以把握，但是亦有所"法"，即"法自然"。"自然"，不是我们今天物质意义上的"自然界""大自然"，而是"自然而然""是其所是"之意。三国时魏晋玄学理论奠基人王弼认为："法自然者，在方而法方，在圆而法圆，于自然无所违也。自然者，无称之言，穷极之词也。"河上公注曰："道性自然无所法也。"认为"自然"是道的本性。后来儒道释历代哲人也多取法其中，围绕它产生各种论辩，留下了许多有趣的典故，赋予其更丰富的内涵。

所以我们今天在面对"道法自然"这一中华传统文化的核心观念时，所看到的就不仅仅是老子一人的思想，而是在面对由老子思想、易学精要所激荡出来的千年中华文明中最根本、最深层、最精髓的一部分，它蕴于经史，含于辞章，彰显于古代士人的一言一行中，体现为一种做事方法，一种管理智慧，以及一种人生境界。

"道法自然"是一种做事方法。《庄子》中有一个"庖丁解牛"的故事，说庖丁宰牛的技术很高明，手所接触的地方、肩所靠着的地方、脚所踩着的地方、膝所顶着的地方，都发出皮骨相离声，刀子刺进去时响声更大，但这些声音没有不合乎音律的，竟然同《桑林》《经首》两首乐曲节奏合拍。梁惠王问他何以有如此高超的技术，他回答说："臣之所好者道也，进乎技矣。"意思是说他探究的是事物的"道"，是其规律，已经超越了对技术的追求。庖丁顺着牛体的肌理结构，劈开筋骨间大的空隙，沿着骨节间的缝隙使刀，都是依顺着牛本来的结构，不用蛮力、不乱下刀，所以刀即使已用了 19 年、宰牛数千头，却仍像刚从磨刀石上磨出来的一样。"庖丁解牛"的故事，体现的便是一种道法自然的做事方法，做事不能仅仅就事论事，也不能仅满足于一些小的技巧，而应当"所好者道"，有一种探寻规律的意识，摸清规律，条分缕析，按照事情本身发展变化的规律办事，这样"以无厚入有间"便可"游刃有余"了。

"道法自然"是一种管理智慧。《吕氏春秋》中记载了孔子的学生宓子贱"鸣琴而治"的典故。宓子贱是孔门七十二贤人之一，他治理单父，每天在堂上静坐弹琴，就治理得很好。孔子的另一个学生巫马期披星戴月，昼夜不闲，亲自处理各种政务，虽然也能治理好单父，但却十分辛苦。巫马期向宓子贱询问其中的缘故，宓子贱说："我的做法是使用人才，你的做法是使用力气。使用力气的人当然劳苦，使用人才的人当然安逸。"这个故事体现的是一种道法自然的管理智慧，无论是管人，抑或管理政事、管理国家，都要有所为有所不为：有为就是一方面要抓重点，另一方面要正方向，宓子贱说的用人，《论语》中讲的"为政以德，譬如北辰"，就是指这两方面；有不为就是有所"止"，不乱干预、乱作为，风调雨顺，万物就会自然生长，人民就会安居乐业，疾病和灾祸就不会发生，一切都是自然而然的，管理者只需顺势而为即可。有为有不为才能无为无不为，才能"垂拱而天下治"。

"道法自然"还是一种人生境界。有一个著名的禅宗公案：一位行脚僧问赵州禅师："什么是禅？"禅师笑着反问他："来过赵州否？"行脚僧说："未来过。"禅师一笑说："吃茶去。"又有一个行脚僧来请教什么是禅。赵州禅师还是笑着反问他说："来过赵州否？"行脚僧说："我曾来过。"禅师一笑，仍旧回答："吃茶去。"寺中的弟子甚为不解，就问师父："为什么没来过赵州的让他吃茶去，来过赵州的也让他吃茶去？"赵州禅师对弟子一笑，还是说："吃茶去。"禅宗认为，极乐存于每个人的平常心之中，佛理就在人身边事中，所以能以平常心"吃茶去"，其中便有禅机。宋代禅宗大师靖居和尚提出参禅的三重境界：第一重境界是"看山是山，看水是水"；第二重境界是"看山不是山，看水不是水"；第三重境界是"看山还是山，看水还是水"。这里，"道法自然"体现为一种洞察世事后的返璞归真，一种豁达安适、与天地精神相往来、天人合一的人生境界。

"道"的提出，是中国古人寻求认识世界、解释世界的一种努力，而"道法自然"的论断则是所有这些解释中最具生命力的一个。"道法自然"已经融入了华夏儿女的世界观念中，成为中华民族的文化血脉，在不知不觉中影响着当代国人的为人行事。今天我们重温"道法自然"，是欲从传统文化中汲取鲜活智慧，从古老文明中推出新的文明形态，从大道立身、厚道做人、中道行事、正道为官中寻找今天安身立命、治国平天下的基本遵循。

本书分为十篇，分别采撷古人对道生万物、道器之间以及天道、地道、人道、治道、道心、道统、自然等内容的言说，以求"管中窥道"，略得"近道"。

习近平同志强调，中国优秀传统文化，领导干部也要学习，以学益智，以学修身。那么，从何学起呢？《论语》中说："君子务本。""道"就是中国文化之"本"，因此，首先要学的就应该是"道"，是"道法自然"。只有了解这些，我们才能更"贴近"自身、更理解彼此，我们才能更好地明悟己道、发明"道心"、延续"道统"。

目　录

>> 第二篇　道器之间

>> 第三篇　天道屈伸

>> 第四篇　地道无成

>> 第五篇　人道有为

>> 第六篇　治道去泰

>> 第八篇　道统心传

>> 第九篇　大道至简

>> 第十篇　复返自然

第一篇

道生万物

道

　　"道"是中国古人认识世界、把握世界的一个重要观念，贯穿了古人的世界观、人生观、价值观以及方法论的各个层面。"道"被用来解释自然本身、人与自然之间乃至人与人之间的各种复杂变化关系，"道"被视作事物生成发展的根本动力以及运行逻辑。同时，"道"还是万物产生、发展、循环往复的起始点和终归之处。可以说，"道"兼具了物质和精神的双重属性，或者说超越了这双重属性，而成为一种"象帝之先"的存在。

　　通过对"道"的存在状态、运行方式以及主要特性的玄思、描述，古人给出了一幅"道"先于天地生而又"化生万物"永不停歇的世界图景。这一图景告诉我们，人们所看到的只是表象，"道"才是其背后的"第一因"，世界的生成、运行是有一定的过程和一定的规律的，这个规律就是"反者道之动"。

　　可以说，这一世界图景、思维范式已经影响了中国几千年的时间，深深融入到中国的文化血脉之中，在每个人的身上都打下了烙印。因此，想了解"道"，首先要从"道生万物"的世界图景入手，同时还要感悟其"反其道而行之"的运行模式以及"可道非常道"的奇特性质。也只有在体会"道生万物"的过程中，我们才能更好地了解隐藏在自己身上的文化基因、文化心理、文化记忆，才能更好地反思我们"从哪里来""到哪里去"，才能在这个永远发展变化的世界中发现其循环往复的规律，才能在"逝者如斯"的洪流中求得安身立命的不变之所在。

一、太初有道

（一）

【原典】

道冲①，而用之或不盈。渊兮，似万物之宗。挫其锐，解其纷，和其光，同其尘。湛②兮，似或存。吾不知谁之子，象帝之先。

———（春秋）老子《道德经》

【注释】 ①冲：器物虚空，比喻空虚。

②湛：沉没，引申为隐约的意思。这里用来形容"道"隐没于冥暗之中，不见形迹。

【译文】 "道"之体虽看似空虚无形，然而使用"道"或许无穷无尽。它是那样深邃广大啊，就好像世间万物的本原。它不露锋芒而无欲不争，它消解强盛而柔弱处下，它蕴蓄着光芒而从不炫耀，它混同于尘埃中而幽微难现。它无象无形仿佛隐没不见，却似乎又无时不有无处不在。我不知道它是从何物产生的，大概是在有天帝之前它就存在了。

（二）

【原典】

有物混成①，先天地生。寂兮寥兮②，独立而不改③，周行而不殆，可以为天地母。吾不知其名，强字之曰"道"，强为之名曰"大"。大曰"逝"，逝曰"远"，远曰"反"。

——（春秋）老子《道德经》

【注释】①物：指"道"；混成：混沌而成，指浑朴的状态。

②寂兮寥兮：没有声音，没有形体。

③独立而不改：形容"道"的独立性和永恒性，它不靠任何外力而具有绝对性。

【译文】有一个"物"混混沌沌而成，先于天地而存在。听不到它的声音，看不见它的形体，它是如此空虚而寂寥。它不依靠任何外力而独立长存于世，遍行于万事万物却毫不倦怠，它真可以被称为天地万物的本原。我不知道它的名字，勉强地称它为"道"，再勉强给它取了个名字叫作"大"。由于它广大无边，所以就不断发展而行势向前；由于它不断发展而行势向前，所以渐渐达于旷远；当其渐渐达于旷远而极致时，又返回其本原。

（三）

【原典】

天下有始①，以为天下母②。既得其母，以知其子③；既知其子，复守其母。没身不殆。

——（春秋）老子《道德经》

【注释】①始：本始，此处指"道"。

②母：本原，此处指"道"。

③子：指由"母"所产生的万物。

【译文】天下万物都有起始，这个起始即是"道"，道化生了天地万物，它是天地万物的本原。既然懂得了"道"，认识了万物的本原，就了解了天下万物。既然认识了天下万物，又持守万物的本原。

这样就能顺其自然而终身都不会有危险了。

（四）

【原典】

天不得不高，地不得不广，日月不得不行，万物不得不昌，此其道与！

——（战国）庄周《庄子·知北游》

【译文】天不从"道"那儿获得什么便不会高远，地不从"道"那儿获得什么便不会宽广，太阳和月亮不从"道"那儿获得什么便无法流转运行，万物不从"道"那儿获得什么便不会生长昌盛，这恐怕就是"道"啊！

（五）

【原典】

万物皆出于机①，皆入于机。

——（战国）庄周《庄子·至乐》

【注释】①机：此处指"道"。

【译文】天下万物都产生于"道"，又全都复归于"道"。

（六）

【原典】

自本自根，未有天地，自古以固存；神鬼神帝，生天生地；在太极之先而不为高，在六极①之下而不为深，先天地生而不为久，长于上古而不为老。

——（战国）庄周《庄子·大宗师》

【注释】①六极：指上、下、东、南、西、北六个方位。

【译文】"道"向来存在，它自身就是本、就是根，在还未出现天地的上古时代"道"就已经长久地存在了；它引出鬼神和上帝，生发天地；虽然"道"在太极之前就已存在，先于天地万物而生，但它在时间上却不算长久；虽然它在上下四方之下，长于上古，但它在空间上却没有界限。

（七）

【原典】

道者，万物之始，是非之纪①也。

——（战国）韩非《韩非子·主道》

【注释】①纪：指准绳、要领。

【译文】"道"，是天地万物的本原，是是非的准则。

（八）

【原典】

物有本末，事有终始。知所先后，则近道矣。

——《礼记·大学》

【译文】明德为大人之学修身知理之本，新民为大人之学推己及人之末，知道至善之所在则为始，能得其所止则为终。先本始，后末终，如此便是接近道了。

【国学常识】

微言大义《道德经》

《道德经》，又称《道德真经》《老子》《五千言》《老子五千文》，是春秋时期老子（即李耳）所作的哲学著作。它原本是没有书名的，人们为了便于流传或便于理解，就起了不同的书名。在先秦《吕氏春秋》中称为《上至经》，在汉初则直呼《老子》。自汉景帝起此书被尊为《道德经》，唐太宗曾令人将其翻译为梵文。唐高宗尊称《道德经》为《上经》，唐玄宗时更尊称此经为《道德真经》。

　　司马迁在《史记·老子传》中记载老子："居周久之，见周之衰，乃遂去。至关，关（令）尹喜曰：子将隐矣，强为我著书，于是老子言道德五千言而去，莫知始终。"关令尹喜感动了老子，老子遂以自己的体验，穷其学，溯其源，著上、下两篇，共五千言，即《道德经》。

　　《道德经》被誉为万经之王，黑格尔说它是"东方古代世界的代表"，内容涵盖哲学、伦理学、政治学、军事学等诸多学科，被后

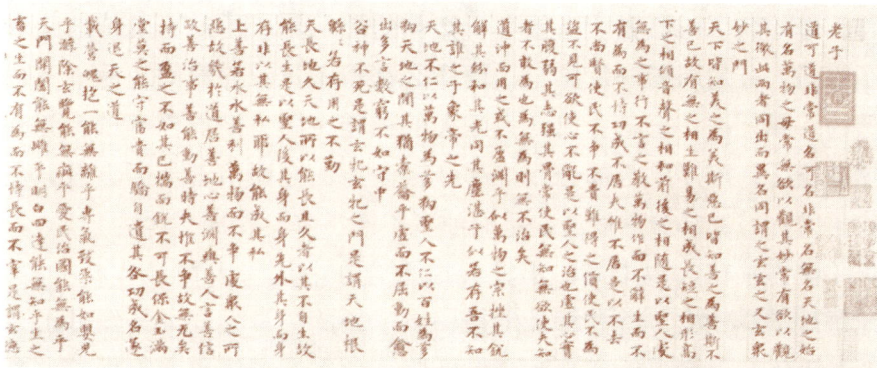

赵孟頫楷书《道德经》（局部）

人尊奉为治国、齐家、修身、为学的宝典。它对中国的哲学、科学、政治、军事、宗教等产生了深远的影响，体现了古代中国人的一种世界观和人生观。先秦以来，研老注老著作超过三千余种，具有代表性的不少于一千种。它还被翻译成了拉丁文、法文、德文、英文、日文等，目前可查到的各种外文版的《道德经》典籍也已有一千多种，它是除了《圣经》以外被译成外国文字发行量最多的文化名著。

盘古开天地

世界各地都有自己美丽的创世传说。西方人说世界是上帝创造的，上帝先创造了男人亚当，然后又用亚当的一根肋骨创造了女人夏娃，此后才有了人类的繁衍。而我们中国古人则认为世界是由盘古开天辟地而来的，然后由女娲创造了人类。盘古开天地的神话故事在民间广为流传。

在远古的时候，没有天也没有地，到处是混混沌沌的漆黑一团，可就在这黑暗之中经过了一万八千年，却孕育出了一个力大无穷的神，他的名字叫盘古。当他有了知觉的那一刻，便迫不及待地睁开了眼睛。可是周围一片黑暗，他什么都看不见。急切间，他拔下自己的一颗牙齿，把它变成威力巨大的神斧，用力向周围劈砍。浑圆体破裂了，沉浮成两部分：一部分轻而清，轻而清者不断上升，变成了天；另一部分重而浊，重而浊者不断下降，变成了地。

盘古站在天地中间，不让天地重合在一起。天每日升高一丈，地每日增厚一丈，盘古每日生长一丈。如此一日九变，又经过了一万八千年，天变得极高，地变得极厚，盘古的身体也变得极长。盘古就这样与天地共存了一百八十万年。

天地彻底分开，不会再重合了，可是盘古也累倒了，再也没有起来。盘古的头化作了高山，四肢化成了擎天之柱，左眼飞上天空变成了太阳，给大地带来光明和希望，右眼飞上天空变成了月亮，两眼中的液体洒向天空，变成夜里的万点繁星。他的汗珠变成了地面的湖泊，他的血液变成了奔腾的江河，他的毛发变成了草原和森林，他呼出的气体变成了清风和云雾，发出的声音变成了雷鸣。从此，人世间有了阳光雨露，大地上有了江河湖海，万物滋生，人类开始繁衍。盘古创造了天地，又把一切都献给了天地，让世界变得丰富多彩，他成为最伟大的神。

　　盘古死后，人们为了纪念这位创造世界的圣祖，在南海为他修建了盘古氏之墓。传说墓中仙居着盘古氏之魂，如今广西桂林还存有盘古祠，每年都有许多人到庙里去祭祀。

【现实启悟】

本立而道生

　　《道德经》中讲：（道）"吾不知谁之子，象帝之先。"道，是先于万物而出现的，是万物存在的依凭。换句话讲，道是现存万物的"根源"。《大学》中讲："物有本末，事有终始。知所先后，则近道矣。"这里所提到的是一种如何"近道"的方法，同时也是在强调"本"与"末"、"终"与"始"、"先"与"后"这几对范畴之间的关系——有本才有末、有始才有终、有先才有后。反过来，要想了解、把握、抓住"末""终""后"，就必须回到根源上，去关注"本""始""先"。其现实意义就在于，我们在为官、做事、做人等方面，都应当明本末、知先后、有终始，具体来说就是要"不忘本"，要有"寻根"意识，要以人民的满意为本，个人的得失为末，要奉献在先，享乐在后。习近平在提到城镇规划建设时曾强调"要体现尊重自然、顺应自然、天人合一的理念……让居民望得见山、看得见水、记得住乡愁"，就是将自然视作"本"，将人与自然的和谐相处视作"先"。也正是由于他的这种"不忘乡愁"的根源意识，才让他在自然与城镇的悖反中另辟蹊径，用一种极富诗性的表述，给"城镇化"这一当前中国面临的重大课题指明了发展方向。

　　党的十八届五中全会公报明确指出：促进人与自然和谐共生。有度有序利用自然，调整优化空间结构，划定农业空间和生态空间保护红线，构建科学合理的城市化格局、农业发展格局、生态安全格局、自然岸线格局。绿色是永续发展的必要条件和人民对美好生活追求的重要体现。必须坚持节约资源和保护环境的基本国策，坚持可持续发展，坚定走生产发展、生活富裕、生态良好的文明发展道路，加快建设资源节约型、环境友好型社会，形成人与自然和谐发展现代化建设新格局，推进美丽中国建设，为全球生态安全作出新贡献。

二、三生万物

（一）

【原典】

道生一①，一生二②，二生三③，三生万物。万物负阴而抱阳，冲气以为和④。

——（春秋）老子《道德经》

【注释】 ①一：指"道"，表示道是绝对无偶的。

②二：指阴阳两气。由于"道"本身包含着对立的阴阳二气，而阴阳二气所包含孕育的统一体即是"道"，故对立着的双方都包含在"一"中。

③三：指阳气、阴气、和气。

④冲气以为和：此句意即阴阳二气互相冲突交媾而成的新的统一体。

【译文】 道是独一无二的，它本身包含阴阳二气，阴阳二气交汇相融从而形成一种适匀和谐之气，阳气、阴气、和气三者产生了万物。万物都是依靠着大地而朝向太阳，在阴阳二气的互相激荡中，实现了交汇融合的新的统一体。

（二）

【原典】

故道生之，德畜之，长之育之，亭之毒之^①，养之覆之^②。

——（春秋）老子《道德经》

【注释】①亭之毒之：使万物成之、实之，表示使万物成熟成形、充实结果。

②养之覆之：使万物得以收聚而保养万物。

【译文】所以道孕育产生万物，德滋养万物，使万物成长发育，使万物成熟结果，最后又保养它们、收取储藏它们，给予万物无微不至的关怀。

（三）

【原典】

《易》有太极，是生两仪^①，两仪生四象^②，四象生八卦^③。

——战国《周易·系辞上》

【注释】①两仪：指"阴""阳"两端，即"天地两仪"。

②四象：春（少阳）、夏（老阳）、秋（少阴）、冬（太阴）四季，即"四象"。

③八卦：指天（乾）、地（坤）、雷（震）、风（巽）、水（坎）、火（离）、山（艮）、泽（兑）。

【译文】《易经》中有太极即宇宙分化前的原始统一体。太极由于内涵的性质等方面的对立作用而发生分裂，分化为"天地两仪"；"两仪"之间又由于各自的力量消长，形成了春、夏、秋、冬四季，即"四象"；"四象"间相互生发、对立、交感，又形成天、地、雷、风、水、火、山、泽共八种人类可具体感知的客观自然物，这八种客观自然物（八卦）之间对立作用和变化，最终形成了天地之间的万物，生生不息，流行不止。

（四）

【原典】

泰①初有无，无有无名；一②之所起，有一而未形。物得以生，谓之德；未形者有分，且然无閒③，谓之命；留④动而生物，物成生理，谓之形；形体保神，各有仪则⑤，谓之性。性修反德，德至同于初。

————（战国）庄周《庄子·天地》

【注释】 ①泰：同"太"。

②一：混沌未分的状态，指出现存在之前的初始形态。

③閒（jiàn）："闲"字的古体，今又简化为"间"，指两物之间的缝隙。

④留：滞静，与"动"相对应。

⑤仪则：轨迹和准则。

【译文】 宇宙之初只有"虚无"，没有任何存在物，于是也就没有名称；这混沌未分的"一"的状态就是宇宙之初，这种状态没有形成任何形体。万物从混沌未分的"一"的状态中产生，这就叫作"德"；未形成形体时的"一"本身禀受矛盾对立的阴阳二气，这二气浑然一体、阴阳交合，就叫作"命"；阴阳之体运动变化的暂时静止，就生成万物，万物生成生命的机理，这就叫作"形"；"形"与精神合一，各有运行的轨迹与准则，这就叫作"性"。善于修身养性就会返归"德"，达到"德"的完美境界就同于太初之时。

（五）

【原典】

太一^①出两仪，两仪出阴阳。阴阳变化，一上一下，合而成章。

——（战国）吕不韦《吕氏春秋·仲夏纪》

【注释】①太一：指"道"。

【译文】"道"生化出天地，天地生化出阴阳。阴阳相互冲突交融，时上时下，汇合而成有形的实体。

（六）

【原典】

万物所出，造于太一，化于阴阳。

——（战国）吕不韦《吕氏春秋·仲夏纪》

【译文】天地万物的生发，从太一这个"道"开始，由阴阳交融而生成。

（七）

【原典】

大道无形，生育天地；大道无情，运行日月；大道无名，长养万物；吾不知其名，强名曰"道"。

——东汉《太上老君说常清静经》

【译文】大道无形无象，却可以产生养育出天地；大道没有情感欲望，却能让太阳和月亮日夜运行不止；大道没有名称，却能让万物生长且得到养育；我不知道它的名字，于是乎勉强将它命名为"道"。

【国学常识】

太极与太极图

太极是中国文化史上的一个重要概念、范畴，意为派生万物的本源，初见于《庄子》："在太极之先而不为高，在六极之下而不为深，先天地生而不为久，长于上古而不为老。"后见于《周易·系辞上》："《易》有太极，是生两仪，两仪生四象，四象生八卦。"后世人根据《周易·系辞传》相关论述而逐渐推演成熟的太极观念中，也吸收了庄子"混沌"哲学的精华。而同庄子哲学一样，"太极"这种"迷离恍惚"地看待万事万物的人生态度，以及这种思维方式本身，实则包含着清醒睿智，其终极目的是希望人类活动顺应大道至德和自然规律，不为外物所拘，最终到达一种无所不容的宁静和谐的精神领域。

太极图是以黑白两个鱼形纹组成的圆形图案，俗称阴阳鱼。它形象地表达了阴阳轮转、相反相成是万物生成变化根源的哲理，展现了一种互相转化而又相对统一的形式美、和谐美，并发展成中国民族图案所特有的"美"的结构。如"喜相逢""鸾凤和鸣""龙凤呈祥"等都是这种以一上一下、一正一反的形式组成生动优美的吉祥图案，极受民间喜爱。

太极图

太极图有很多种，诸如周敦颐太极图、先天太极图（原名"天地自然之图"，俗称"阴阳鱼图"）、古太极八卦图（先天太极图周围配以八卦符号）、来知德太极图以及清朝端木国瑚太极图。现代人所称的"太极图"即"阴阳鱼图"，所称的"太极八卦图"即"古太极八卦图"。

【国学故事】

从另一个角度看扁鹊

战国时期的名医扁鹊，有一次去参见蔡桓公，他在旁边站了一会儿，对桓公说："大王你生病了，现在病症还在皮肤的纹理之间，如果不赶快医治的话，病情可能会加重！"桓公听了笑着说："我好好的，哪会有病。"扁鹊走了以后，桓公说："这些医生就喜欢给没有病的人治病，还把治好本来就没有的病当作自己的功劳。"

过了十天，扁鹊又去参见桓公，说："您的病已经扩散到肌肉里了，再不治的话，会更加严重。"桓公不理睬扁鹊。扁鹊走了以后，桓公很不高兴。

再过了十天，扁鹊又去见桓公，说："您的病已经转到肠胃里去了，再不从速医治，就会特别严重了。"桓公仍旧不理睬他。扁鹊走了以后，桓公更不高兴了。

又过了十天，扁鹊去见桓公时，望了他一眼，转身就走了。桓公觉得很奇怪，于是特意派使者去问扁鹊。扁鹊对使者说："病在皮肤的纹理时，药敷患处就能达到治疗的效果；病在肌肉里的时候，用针石刺灸也是可以治疗的；病在肠胃的时候，喝汤药也是有办法治愈的；病若是到了骨髓里，我也没有办法了，那就只能听天由命了。如今大王的病已经到了骨髓，我再说什么也没有意义了。"

五天以后，桓公浑身疼痛，赶忙派人去请扁鹊，扁鹊却早已经逃到秦国了。桓公不久就病死了。

这个故事告诉我们，不能害怕别人的批评、拒绝别人的帮助。

但是从另外一个角度看，我们可以发现，就像故事里的"病"一样，事情的产生、发展都是一个循序渐进的过程，而这个过程往往也是有规律可循的，只不过有的人善于发现规律，或者说善于借助外界力量发现规律，而有的人则后知后觉，闭目塞听，置事情发展于不顾，在问题最终凸显出来的时候，也不知道事情是怎么发展到这一步的，更缺少应对问题的办法，只能像故事里的桓公一样，吃到事情的苦果。而若能像扁鹊一样，密切关注事态的发展，及时把握事情发展的规律，则能及早作出判断，从而全身而退。

【现实启悟】

把握规律方可"近道"

万物从"道"中产生，并最终发展、成熟、保养、收藏，这个过程是一步一步的，同时也是有规律的，而这个规律也正是"道"的一种体现。了解了事情发展变化的过程，才能够总结、发现事情背后的规律，作出相应的正确判断。而只有按照规律去处理事情，才能更好地解决问题，才可谓真正"近道"。如果不关注事情的发展过程、不认真分析事情背后的运行规律，只凭主观判断、经验主义、意气用事，往往会错失机会，铸成大错。习近平在作关于《中共中央关于制定国民经济和社会发展第十三个五年规划的建议》的说明时指出："面对经济社会发展新趋势新机遇和新矛盾新挑战，谋划'十三五'时期经济社会发展，必须确立新的发展理念，用新的发展理念引领发展行动。古人说：'理者，物之固然，事之所以然也。'发展理念是发展行动的先导，是管全局、管根本、管方向、管长远的东西，是发展思路、发展方向、发展着力点的集中体现。"

三、逝者如斯夫

（一）

【原典】

谷神^①不死，是谓"玄牝"^②。玄牝之门，是谓天地根。绵绵若存，用之不勤。

——（春秋）老子《道德经》

【注释】①谷神：道之别名也，即生养之神。

②玄牝（pìn）：玄，原义是深黑色，有神秘、微妙、深远之意。牝，本义是雌性的兽类动物，这里借指具有无限造物能力的"道"。在这里玄牝指孕育和生养出天地万物的母体。

【译文】生养天地万物的道（谷神）是生机勃勃、永恒长存的，它就是一个玄妙的母体。这玄妙母体是生育万物的门户，也就是天地万物所产生的本根。它连绵不绝似存于世，不断地化育万物且无穷无尽。

（二）

【原典】

天，覆万物而制之；地，载万物而养之；四时，生长万物而收藏之。古以至今，不更其道。故曰："古今一也。"

——（春秋）管仲《管子·形势解》

【译文】天，覆育而控制着万物；地，承载并生养着万物；春夏秋冬，使万物生长又使万物藏闭。从古至今，这规律从未改变。所以说："古代和今天一样，往复循环、从未改变。"

（三）

【原典】

子在川上曰："逝者①如斯②夫！不舍昼夜。"

——春秋《论语·子罕》

【注释】①逝者：指流逝的时光。

②斯：这里指"川"，即河水。

【译文】孔子在河岸边感叹道："一去不复返的时光就像这河水一样啊！日夜不停地奔流向前。"

（四）

【原典】

知变化之道者，其知神之所为乎。

——战国《周易·系辞上》

【译文】知道变化规律之"道"的人，就能懂得"神"的作为了。

（五）

【原典】

人生天地之间，若白驹之过隙，忽然而已。

——（战国）庄周《庄子·知北游》

【译文】人生于天地之间，就像透过缝隙看到白马瞬间飞驰而过，只是一刹那间罢了。

（六）

【原典】

今之于古也，犹古之于后世也；今之于后世，亦犹今之于古也。故审知今则可知古，知古则可知后，古今前后一也。

——（战国）吕不韦《吕氏春秋·仲冬纪》

【译文】今天对于古代来说，正如古代对于将来一样；今天对于将来来说，也正如今天对于古代一样。所以，清楚地审知今天就可以了解古代，了解古代就可以以此判断将来，古今前后都是一脉相承的。

（七）

【原典】

流而不息，合同而化，而乐兴焉。

——《礼记·乐记》

【译文】万事万物川流不息，会合齐同而无时无刻不在变化，"乐"就是依照自然界的这一规律而制定出来的。

【国学常识】

三教九流

现在我们说起"三教九流"这个词，往往带有贬义，其实这只是受古代白话小说影响的一种"误解"。"三教九流"最初实际是泛指先秦时期的各种宗教和学术流派，"九流"后来又逐渐演变为古代中国对人的地位和职业名称划分的一种等级序列。

具体来说，"三教"原指先秦时期的三大传统宗教——儒、墨、道。后来，西汉末年时佛教传入中国，加之墨家逐渐式微消亡，故"三教"改称为儒、释、道。"九流"之说，则是源于《汉书·艺文志》。此书中将天下学说分为"九流十家"，分别指：儒家、道家、墨家、法家、名家、杂家、农家、纵横家、阴阳家。九流十家，是九流以外加上小说家。

之所以以"流"来划分、形容，实际上是以水为喻——无论是山河变换，还是水脉分流，水在遵守自然规律的同时，依然一直展现自己的意志、思想，因而一个"学派"或说一"家"才被称为一"流"。而小说家闲事娱乐，在古时只是被视作"不学无术"，只有不具功名家业、不耕不织的人才会钻研，并往往需要迎合他人、近于阿谀奉承，又无法服务于社会，因此被认为"不入流"。

后来"九流"的含义又逐渐演化，转指尊卑不同的九种身份。由尊至卑依次是：帝王、文士、官吏、医卜、僧道、士兵、农民、工匠、商贾。除此之外，还有"奴、乞、娼、贼"等，为"不入流"，即最下等。

"沧海桑田"只是神话吗

从前有两个仙人，一个叫王方平，一个叫麻姑。有一次，他们相约到一个叫蔡经的人家里宴饮。

麻姑献寿图　明　陈洪绶

到了约定的那天，王方平很早就到了，然后独自坐在那里等候麻姑的到来。王方平等了很久还不见麻姑到，便朝空中招了招手，吩咐使者去请她。

过了一会儿，使者回来在空中向王方平禀报说："麻姑说已有五百多年没有见到先生您了，命我先向您致意。此刻，她正奉命巡视蓬莱仙岛，稍待片刻，就会来和先生见面。"

王方平微微点头，继续耐心地等待。没过多久，只见麻姑从空中降落下来了。她看上去像是人间十八九岁的漂亮姑娘，秀发长到腰间，衣服光彩夺目。

麻姑和王方平互相行

过礼后，王方平就吩咐开宴。席间，麻姑对王方平说："自从得道成仙、接受天命以来，我已经亲眼见到东海三次变成了桑田。刚才到蓬莱巡视的时候，我又看到海水比前些年浅了一半，难道说它又要变成陆地了吗？"王方平感叹道："是啊，圣人们都说，大海的水在下降。不久，那里又将扬起尘土了。"

宴饮完毕，王方平、麻姑各自招来车驾，升天而去。

在常人眼中千百年存在不变的沧海、大陆，在生命维度更长的神仙眼中，却已经好几次"沧桑变换"。"沧海桑田"虽然是一个神话故事，但类似的事情其实是真实存在的。改革开放三十多年来，我们国家一直处于高速发展期，可以说每天都有新变化，"沧海桑田"的事情每天都在发生。这个故事，一方面告诉我们，世间万物，包括天地沧海，都是在不断发展变化的，有时候我们之所以看不到这些变化，要么是因为视角选择的不对，要么是因为生命的广度还不足以感受其变，正如大陆漂移假说，被世人所接受也经历了一个漫长的过程，直到后来假说逐渐被一些化石证据所证实。另一方面，正如苏子所言："盖将自其变者而观之，则天地曾不能以一瞬；自其不变者而观之，则物与我皆无尽也。"变与不变都是相对的，而我们也应当学会用"变"和"不变"两种眼光看问题，在变化中寻找不变、在不变中寻找变化，并在变与不变中寻找到一个平衡点，这样才不会静止僵化地看问题，也不会陷于"逝者如斯"的洪流之中不知其所。

【现实启悟】

以"不变"应万变

世界上的一切事物无时无刻不在发生变化，只是变化的程度有所差异。如何应对变化，是人生在世必然要面对的一个大课题。而能否在变与不变中寻找到属于自己的位置，更是一个人是否能够有所成就的关键。鸦片战争之后，李鸿章对当时的世事发出了"三千年未有之大变局"的惊叹，这是不变的古老中国终于不得不面对的"变化"。"世界潮流，浩浩汤汤，顺之者昌，逆之者亡！"这是革命先行者在变化潮流中发现了不变的大势。

改革开放以来，我们国家发展形势迅猛，日新月异。互联网技术的发展，更是把人们拉入到时代变化的洪流中。能否不断深刻检视对社会的老看法、发现和调整对社会发展的新认知，成为每个党员领导干部面临的重大挑战。而在应对这些变化的过程中，领导干部势必要付出很多，如时间精力、感情才智，甚至因失误而带来的挫折与创伤，这该怎么办？习近平同志在《摆脱贫困》一书所作的"跋"中提到："我只提供一份我在闽东实践、思考的记录，这对于闽东脱贫事业和其他事业之宏伟大厦或可成为一石一木，对于后来者或许也有些微意义——若留下探索，后人总结；若留下经验，后人咀嚼；若留下教训，后人借鉴；若留下失误，后人避免。"这段话含有仁者的大度、智者的圣明、勇者的刚毅，给我们的启示是，在面对变化时，我们不应仅仅感叹"逝者如斯"，或悲呼"吾生之须臾"，而应当纵身时代洪流，寻求"一石一木"，以使社会平稳有序发展，百姓免遭战争和政治动乱的涂炭，以"有些微意义"。

四、反者道之动

（一）

【原典】

满招损，谦得益。

——春秋《尚书·大禹谟》

【译文】 过于盈满就会招来损害，谦虚处下方能有所得益。

（二）

【原典】

反者①，道之动；弱者②，道之用。

——（春秋）老子《道德经》

【注释】 ①反者：反通"返"，循环往复。
②弱者：柔弱、渺小。

【译文】 道的运动是向相反的方向运动发展，循环往复。同时，道的外在表现又是柔弱处静、谦虚处下的。

（三）

【原典】

曲则全，枉①则直，洼则盈，敝②则新，少则得，多则惑。

——（春秋）老子《道德经》

【注释】①枉：屈、弯曲。

②敝：凋敝。

【译文】柔弱委曲以适应外物，便能保全自身；曲枉其身以顺从外境，便能端正平直；低洼之处才能积累充盈泥水；凋敝之物清除之后才会有新生植物萌发；虚静无欲才能有所获得；起欲贪多反而会迷惑，不知所措。

（四）

【原典】

故物或损①之而益，或益之而损。

——（春秋）老子《道德经》

【注释】①损：减损。

【译文】因此，世间万物，如果先减损它，那么减损到一定程度便会开始增加；如果先增加它，那么增加到一定程度便开始减损。

（五）

【原典】

穷则变，变则通，通则久。

——战国《周易·系辞下》

【译文】一个事物发展到了极点，就必须要有所改变，只有通过改变，才会使事物的发展不受阻滞，事物就能不断向前发展。

（六）

【原典】

物无非彼，物无非是。自彼则不见，自是则知之。故曰：彼出于是，是亦因彼。

—— （战国）庄周《庄子·齐物论》

【译文】 各种事物无不存在它自身对立的那一面，各种事物也无不存在它自身所是的这一面。如果只看事物的这一面，便看不见那一面；如果只看事物的那一面，便看不见这一面。只有从事物相对立的两方面一起看，才能认识和了解这个事物。所以说，事物的那一面出于事物的这一面，事物的这一面亦起因于事物的那一面。

（七）

【原典】

故视强，则目不明；听甚，则耳不聪；思虑过度，则智识乱。目不明，则不能决黑白之分；耳不聪，则不能别清浊之声；智识乱，则不能审得失之地。

—— （战国）韩非《韩非子·解老》

【译文】 因此，过度使用眼力，眼睛就会昏暗不明；过度使用听力，耳朵就会失聪不灵；过度思虑，智力的认知就会混乱不清。眼睛昏暗不明，便无法判断黑白界限；耳朵失聪不灵，便无法区分清声与浊音；智力的认知混乱不清，便无法弄清得失根据。

（八）

【原典】

昔①有愚人，至于他家。主人与食，嫌淡无味。主人闻已②，更为益③盐。既得盐美，便自念言："所以④美者，缘⑤有盐故。"少有尚尔，况复多也？愚人无智，便空⑥食盐。食已口爽⑦，反为其患。

—— （南朝齐）求那毗地译《百喻经》

【注释】 ①昔：从前。

②闻已：听罢。

③益：增加。

④所以：表原因。

⑤缘：因为。

⑥空：空口。

⑦口爽：口味败坏。

【译文】从前，有一个愚笨的人，到别人家吃饭，嫌饭菜没什么味道。主人听罢，在菜里加上一些盐。愚笨的人吃了后，感觉这菜肴十分美味，于是他自言自语说："菜的味道好，是因为有了盐的缘故啊。"饭菜适当放盐还可以，怎么能过量呢？愚人不知道，就只吃盐不吃菜，以致吃得口味败坏，盐反而成了祸害他的东西。

（九）

【原典】

山重水复疑无路，柳暗花明又一村。

——（南宋）陆游《游山西村》

【译文】重重叠叠的山峦啊，弯弯曲曲的水道啊，我正愁前面无路可走的时候，忽然在柳荫深深、花团锦簇的地方，又出现了一个山村。

【国学常识】

"五行"中的世界

"五行"是中国传统文化中认识世界、解释世界的一组核心范畴。中国古人认为宇宙万物都由木、火、土、金、水五种基本要素的运行循环和生克变化所生成，"五行说"常被视为中国古代朴素唯物主义哲学的体现。

早在《尚书·洪范》中便有记载："五行：一曰水，二曰火，三曰木，四曰金，五曰土。水曰润下，火曰炎上，木曰曲直、金曰从革（顺从人的要求而易变革其形状），土爱稼穑（指庄稼）。润下作咸，炎上作苦，曲直作酸，从革作辛，稼穑作甘。"后人根据对五行的认识，又创造了五行相生相克理论，具体是：木生火，火生土，土生金，金生水，水生木；木克土，土克水，水克火、火克金、金克木。

"五行说"采用取象比类的方法，将世界万事万物朴素地分为五类，并将五行与天干、地支、方位、八卦、季节、时间等都建立了对应关系，例如寅、卯、辰月属木，主宰春季，代表东方；巳、午、未月属火，主宰夏季，代表南方；申、酉、戌月属金，主宰秋季，代表西方；亥、子、丑月属水，主宰冬季，代表北方；辰、未、戌、丑单个而言都属土，为四方土，主宰四季最后一个月。

在五行属性的基础上，中国古人运用生克制化的关系，来说明和解释事物之间的相互联系和变化。而在他们看来，也正是事物之间这种生中有克、克中有生、相辅相成、互相为用的关系，推动和维持了事物的不断生长、变化和发展，进而构成了整个世界。

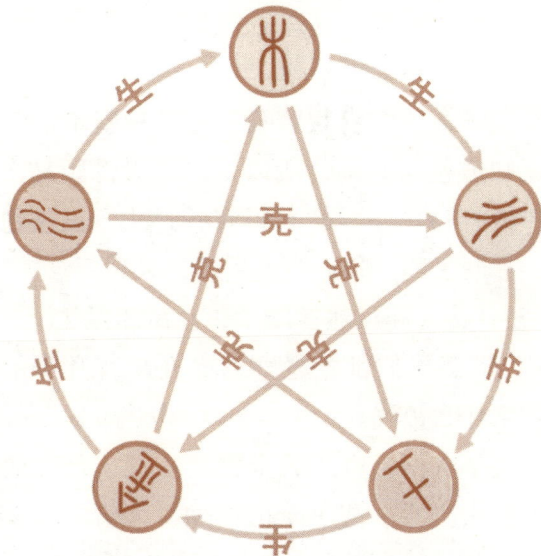

五行相生相克

塞翁失马

战国时期有一位老人，别人都叫他塞翁，他养了许多马。有一天，有一匹马忽然走失了。邻居们听到这事都来安慰塞翁，让他不必太着急。塞翁却说："没关系，丢了一匹马也不是什么承受不了的损失，没准儿还会带来其他好事儿呢。"

邻居们听了塞翁的话都觉得好笑。马丢了，明明是件坏事，他却认为也许是好事，显然是自我安慰而已。可令人惊讶的是，过了没几天，丢失的马不仅跑回来了，还带回了另一匹骏马。

邻居们听说马自己回来了，非常佩服塞翁看得长远，向塞翁道贺说："还是您老有远见，马不仅没有丢，还带回来一匹好马，真是好福气呀。"

塞翁反倒一点儿高兴的样子都没有，忧虑地说："白白得了一匹好马，可不一定是什么好事，也许还会惹出什么麻烦来。"邻居们认为他是心里高兴，有意不说出来。

塞翁有个独生子，非常喜欢骑马。他发现新带回来的那匹马剽悍神骏，一看就知道是匹好马，所以几乎每天都骑马出游，心中扬扬得意。一天，他打马飞奔，高兴得有些过头，没坐稳，一下子从马背上跌下来，摔断了腿。邻居听说后纷纷来慰问。

塞翁说："没什么，腿虽然摔断了，性命却保住了，说不定大难不死还有后福呢。"邻居们都觉得塞翁又在胡言乱语了。他们想不出，摔断腿会带来什么福气。

不久，匈奴大举入侵，青年人全都要应征入伍，而塞翁的儿子因为摔断了腿无法去当兵。战争十分惨烈，入伍的青年基本上都战死了，唯有塞翁的儿子因为没有上战场而保全了性命。

【现实启悟】

增强辩证思维能力

有的时候，坏事会变好事；有的时候，好事也会变坏事。塞翁家里发生的失马、得马、断腿、保命这几个"往复"事件，就是最生动的例子。常言道"旁观者清，当局者迷"，而"邻居们"作为局外人，看事情尚且会因"失"而"慰"，因"得"而"贺"，难以跳出来、看长远。作为当事人的塞翁，能在祸福来临时，想到其对立转化面，就尤为难得了。塞翁之所以能有这种智慧远见，恐怕是因为他能洞悉事物发展运行的规律，能站在"道"的高度看问题，知道"循环往复"是世间的常态，因而就能有更为平和自然的心态，达到"祸福安处之"的境界。

2015 年 1 月 23 日，习近平在主持中共中央政治局第二十次集体学习时强调：辩证唯物主义是中国共产党人的世界观和方法论……更加自觉地坚持和运用辩证唯物主义世界观和方法论，增强辩证思维、战略思维能力，努力提高解决我国改革发展基本问题的本领。

唯物辩证法的实质和核心就是对立统一规律，它认为对立统一的双方是事物发展的源泉和动力。理解"反者道之动"，有助于我们更好地理解唯物辩证法：一方面，事物都是在不断发展变化的，而在这个过程中，对立双方的矛盾问题是持续存在的，正是这些矛盾、问题推动了事物的发展；另一方面，对立的双方是可以转化的，有利的条件中蕴涵着不利条件，不利条件中也可能存在有利条件，因此居于顺境时更应当谨慎，居于逆境时也不可放弃。理解了这些，我们就能以辩证的眼光看问题、以发展的眼光看矛盾，并最终通过解决矛盾来推进事物向前发展。

五、道可道非常道

（一）

【原典】

视之不见，名曰"夷"①；听之不闻，名曰"希"②；搏之不得，名曰"微"③。此三者不可致诘④，故混而为一⑤。其上不皦⑥，其下不昧，绳绳⑦兮不可名，复归于无物。是谓无状之状，无物之象，是谓"惚恍"⑧。迎之不见其首，随之不见其后。执古之道，以御今之有。能知古始⑨，是谓道纪⑩。

——（春秋）老子《道德经》

【注释】①夷：无色。

②希：无声。

③微：无形。夷、希、微这三个名词都是用来形容人的感官无法把握住"道"。这三个名词都是幽而不显的意思。

④诘：意为追问、究问。

⑤一：指"道"。

⑥皦（jiǎo）：清白、清晰、光明之意。

⑦绳绳：不清楚。

⑧惚恍：若有若无，闪烁不定。

⑨古始：宇宙的原始，或"道"的初始。

⑩道纪："道"的纲纪，即"道"的规律。

【译文】 "道"，我们用眼睛看不见它，称它为"夷"；用耳朵听不见它，称它为"希"；用手摸不到它，称它为"微"。从这三方面来看，它实在是无从探究，所以就只好把它笼统地称为"一"。这个"道"，即使在它的上面也不显得光明亮堂；而在它的下面也不显得阴暗晦涩，它无始无终、渺渺茫茫，似有似无却又不可称名，它运化至大都又复归到无形无象的状态。这就是没有形状的形状，不见其物的形象，这就是"惚恍"。迎面而对，看不见它的头，紧随其后，也看不见它的尾。守持着这个恒久而在、无始无终的"道"，就能治理好天下万物。同时，得以知晓道之初始的情况，认识"道"的规律。

（二）

【原典】

  道可道①，非常道；名可名②，非常名。无，名天地之始；有，名万物之母。故常无，欲以观其妙③；常有，欲以观其徼④。此两者，同出而异名，同谓之玄⑤。玄之又玄，众妙之门。

——（春秋）老子《道德经》

【注释】 ①第一个"道"是名词，指的是宇宙的本原和实质，引申为原理、原则、真理、规律等。第二个"道"是动词，指解说、表述的意思，犹言"说得出"。

②第一个"名"是名词，指"道"的形态。第二个"名"是动词，说明的意思。

③妙：微妙的意思。

④徼（jiǎo）：边际、边界。

⑤玄：玄妙深远的含义。

【译文】"道"，如果可以用言语来表述清楚，那它就不会是贯通古今之"道"；"名"，如果可以用文辞去准确地命名，那它就不是恒久之"名"。天地万物混沌未开之始，则无形可见也无法命名；当天地万物长成于世后，则有形可见也可以命名。所以，要常从"无"中去察知领悟"道"的精妙奥远；要常从"有"中去观察体会"道"的端倪。万物之始与万物之成，同出于"道"，而其名称并不相同，它们同样玄妙、深奥、神奇。而那玄妙、深奥、神奇的"道"，乃是宇宙天地万物之奥妙的大门。

（三）

【原典】

一阴一阳之谓道，继之者善也，成之者性也。仁者见之谓之仁，知者见之谓之知，百姓日用而不知，故君子之道鲜矣！

——战国《周易·系辞上》

【译文】一阴一阳交互变化叫作道，秉受其道的为善，顺承其道的为性。仁者见悟道便称道为"仁"，智者见悟道便称道为"智"，百姓日用其道而不知道何为"道"，所以说，君子之道已经很少见了。

（四）

【原典】

夫道，有情有信，无为无形；可传而不可受，可得而不可见。

——（战国）庄周《庄子·大宗师》

【译文】"道"是真实不虚、确凿可信的存在，但是它又是自然无为和隐没无形的；"道"可以真切地被感知却不可以用言语进行口授，可以被深刻地领悟却不可以用眼睛看见。

（五）

【原典】

知道易，勿言难。知而不言，所以之天也。知而言之，所以之人也。古之人，天而不人。

—— （战国）庄周《庄子·列御寇》

【译文】 认识和了解大道容易，但达到忘言大道的境界却很难。了解了道却不妄加言说，这是通往自然大道之途径。了解了道却信口议论，这是人为言说的所谓表象。古时候的人只是用心体察自然而不追求人为言说。

（六）

【原典】

天无为以之清，地无为以之宁。故两无为相合，万物皆化生。芒乎芴乎①，而无从出乎！芴乎芒乎，而无有象乎！万物职职，皆从无为殖。故曰："天地无为也而无不为也。"

—— （战国）庄周《庄子·至乐》

【注释】 ①芒乎芴乎：恍恍惚惚。

【译文】 天自然无为而自清自宁，地自然无为而自清自宁。天与地皆自然无为，却又能交互融合，化生天地万物。恍恍惚惚之间，万物不知道从什么地方就这样产生出来！惚惚恍恍之间，万物的生发不着一点儿痕迹！纷繁众多的天地万物，都由无为的道繁衍而来。所以说："天和地自清自宁，无心去做什么却又无所不生、无所不能。"

河图洛书与中国古代文明

　　河图与洛书据传是上古时期流传下来的两幅神秘图案，历来被认为是河洛文化乃至中国古代文明的滥觞。

　　相传，上古伏羲氏时，洛阳东北孟津县境内的黄河中浮出龙马，背负"河图"，献给伏羲，伏羲依此而演成八卦，后来成为《周易》的起源。又相传，大禹时，洛阳西洛宁县洛河中浮出神龟，背驮"洛书"，献给大禹，大禹依此治水成功，后又依此划天下为九州、定九章大法治理社会，这九章大法最终流传下来收入《尚书》中，名《洪范》。《周易·系辞上》中说"河出图，洛出书，圣人则之"，就是指这两件事。

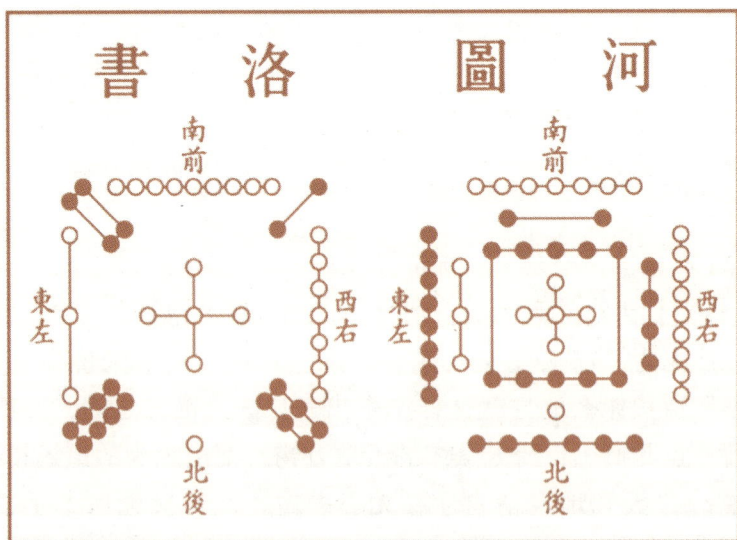

河图洛书

　　但是河图、洛书最初到底是什么样子，现在已无从可考。比较有影响力的说法包括：西汉刘歆以河图为八卦，以《尚书·洪范》

为洛书；汉代纬书有《河图》九篇，《洛书》六篇，九六附会河洛之数；宋初陈抟创"龙图易"，吸收了汉唐九宫说与五行生成说，提出一个图式，名龙图，即河图；刘牧将陈抟龙图发展为河图、洛书两种图式，将九宫图称为河图，将五行生成图称为洛书；南宋蔡元定认为刘牧将河图与洛书颠倒了，将九宫图称为洛书，五行生成图称为河图；朱熹《周易本义》采用了蔡元定的说法，并在卷首载其图。所以，后世一般以蔡元定的说法为准。截至今日，何为河图、何为洛书，仍然众说不一，还在继续探寻中。

但可以肯定的是，河图、洛书对于中国古代易学、医学、术数以及阴阳五行等理论的发展都产生了重要影响，对于中华文明的意义不可磨灭。

【国学故事】

混沌之死

《庄子·应帝王》中讲过一个故事，故事的主人公分别是：南海的大帝"倏"，北海的大帝"忽"，还有一个是中央大帝"混沌"。倏和忽是好朋友，但他们的住地离得太远了，相互拜访很不方便，于是他们就想了一个折中的办法，常常约在中央之地相聚。中央之地是混沌的地界，而混沌大帝对待倏和忽也非常友好，每次两人到自己这儿来聚会，混沌大帝都要好好地招待一下他俩。时间一长，倏和忽都十分感动，却一直苦于不知道如何回报混沌的恩情。有一天，倏和忽又见面了，商量说："人人都有七窍，用来看外界、听声音、吃食物、呼吸空气，唯独混沌没有七窍。不如我们试着给他凿出七窍，这样他就能看得见、听得到、吃各种美食、呼吸新鲜空气了，也算我们报答他这么长时间以来的热情招待。"说干就干，于是倏和忽准备了各种工具，每天替混沌凿出一窍，到了第七天，七窍都凿成了，混沌也死了。

庄子这里用的名字都很有深意，"倏""忽"可以理解为观念驳杂，而"混沌"则可以理解为模糊隐约、混作一团。两个观念驳杂的人要给一个含混模糊的人"开窍"，其结果可想而知。"倏"和"忽"也成为不根据实际情况、不尊重客观规律、只从主观想象和主观意愿出发做事情最终酿成大祸的反面典型。

同时，"混沌"也可以理解为"道"的一种存在方式，道家的各种著作中经常用类似"混沌"的词语描述"道"。庄子的这个故事，给庄子的思想带来了"混沌哲学"的称谓。而在这里，我们至少可以从"道"是很难言说的、很难把握的，甚至是无法言说、无法把握的这个层面来理解故事。这样，恐怕我们就不应该仅仅是嘲笑"倏"和"忽"了，而应当经常提醒自己，规律不易把握，应当投入更多的精力去调查、分析、总结。同时，还不能忘了，规律本身也可能是"灵活"的，今天的规律明天不一定有效，此处的规律彼处不一定应验，总结出来的规律可能只是更大范围规律的一个部分。只有这样，我们才能更好地认识规律、运用规律，而不是只能抓住一个"死"的、教条化的东西。

【现实启悟】

选对寻求规律的"方法论"

"道可道，非常道"是"道"的一个根本特性，这从认识论上讲可以说是近乎于不可知论。不可知论故不可取，但我们可从其中领会到求"道"、近"道"乃至得"道"的艰难。具体到我们现实的生活和工作中，可以理解为，规律是客观存在的，但是认识规律、把握规律是非常不容易的。这是由事物发展变化的复杂性所决定的。

把握规律虽然不易，但我们还是要努力去把握。我们常说的摸着石头过河，就是在摸规律。摸着石头过河，是富有中国特色、符合中国国情的改革方法。其实它也是中国特色的寻求改革发展规律的方法论。只有试验、总结、再试验、再总结,这样循环往复,我们才能更好地摸住规律这个石头。而在摸规律的同时,步子也不能跨得太大,以免出现"颠覆性的错误",出现混沌之死这样的悲剧。规律重要,探寻规律的方法更重要。坚持正确的方法论,才能把握全面深化改革的内在规律,进而不断将改革开放引向深入。

第二篇

道器之间

　　"形而上者谓之道，形而下者谓之器。""道器"作为中国哲学中的一个重要问题，贯穿千年学史，并与"名实""本末""体用""有无""理气""言意""意象"等问题互为联系，形成了巨大的思辨空间。从道器以形相分，到道器先后、本末、虚实，再到道器"交体"相存，先哲们依据各自的认识来解释道器关系，进而构架起其相应的本体论、认识论乃至方法论体系。西学东渐后，更是以"形而上学"来译对西方亚里士多德哲学中的"物理学之前"。而长久以来，重思辨、轻实证，重学理、轻实用的主流传统，也将器物、技术视为"奇技淫巧"，列入末流，这在某种程度上影响了近代科学在中国的萌芽。

　　但总的来说，传统道器观念的发展，以及不同观点理论之间的碰撞，带来了学术的极大繁荣和人们认识的不断深化，也给中国士人留下了一个超脱于微末、现实之外的精神世界、理想空间，并让他们能够在两个世界之间自由游走。如果说"道在屎溺"拓展了物的可能性，给相对"僵死"的事物以灵动、以意义的话，那么"君子不器"就是极大拓展了人的可能性，使我们在失落抑郁时，能够寻求一种"不龟手之药"的解脱，并能在"因寄所托"时得到一种表象之下、言意之外的意义解释。

一、形上谓道形下谓器

（一）

【原典】

朴①散则为器，圣人用之，则为官长，故大制②不割③。

——（春秋）老子《道德经》

【注释】 ①朴：质朴，指纯朴的原始状态。

②大制：完美的制度。

③不割：不会伤害。

【译文】 质朴分散制作为各种器具，圣人使用这些器具，就可以成为百官之长。所以说，完美的制度是不会伤害百姓的。

（二）

【原典】

形而上者谓之道，形而下者谓之器。

——战国《周易·系辞上》

【译文】 在有形之物的背后，存在着凭感官无法感知的、抽象的道，即万物本体、万物本原；有形体的、凭感官可感知的具体事物或者名物制度叫作器。

（三）

【原典】

物物者与物无际，而物有际者，所谓物际者也。不际之际，际之不际者也。谓盈虚衰杀，彼为盈虚非盈虚，彼为衰杀非衰杀，彼为本末非本末，彼为积散非积散也。

——（战国）庄周《庄子·知北游》

【译文】成就万物的道与万物本身这两者之间并没有清晰的界限，而物与物之间的界线，只是所谓的具体事物外在形体之间的差异；也就是说，物与物之间没有"道"的区别，物与物只存在表面的差异，而实质上并没有差异。人们所说的盈满、空虚、衰退、减损，所谓的盈满或空虚，并非真正是盈满或空虚；所谓的衰退或减损，并非真正是衰退或减损；认为是根本或末节，其实并非真正的根本或末节；认为是积聚或散离，其实并非真正的积聚或散离。

（四）

【原典】

一阴一阳不可以形器拘，故谓之道，乾坤成列而下，皆《易》之器。

——（北宋）张载《横渠易说》

【译文】阴阳两仪不可以用任何一物来指称或者代替，这就是所谓的"道"，乾坤以及由乾坤生发而出的万物都在"道"之下，都是由《易》而来的"器"。

（五）

【原典】

道器之间，分际甚明，不可乱也。

——（南宋）朱熹《答黄道夫书》

【译文】"道"和"器"这两个概念的区别十分明晰，不可以将"道"与"器"混为一谈。

（六）

【原典】

即形器之本体而离乎形器，则谓之道；就形器而言，则谓之器。

——（南宋）朱熹《朱子语类》

【译文】所谓"道"，就是成就可感可知的有形之物，同时又不拘于有形万物、在这万物之上；所谓"器"，就是可感可知的有形之物。

（七）

【原典】

可见底是器，不可见底是道，理是道，物是器，此①为器，然而可以向火，所以为人所用，便是道。

——（南宋）朱熹《朱子语类》

【注释】①此：在这里指朱熹着眼的火炉。

【译文】可以看得见的是"器"，看不见的是"道"，抽象的理是"道"，天下万物是"器"，眼前的火炉就是"器"，但是它可以生火，所以可以被人所使用，这个火便是"道"。

古代礼器知多少

礼器是古代王室贵族在举行祭祀、宴飨、征伐及丧葬等礼仪活动中所陈设和使用的器物。在古代器物中，礼器与非礼器有极其严格的区分，在具体的礼典仪式中，礼器是构成践礼活动必不可少的要素。它以实物的形式，既构造了礼仪活动中的神圣氛围，也象征了行礼主体的身份、地位、等级与权力。

礼器产生于原始社会晚期，伴随氏族贵族而出现，在山西襄汾陶寺遗址的龙山文化大墓中，出土有彩绘龙盘及鼍鼓，在良渚文化的一些大墓中，出土有玉琮、玉璧等。进入商周社会后，礼器有了很大的发展，成为"礼治"的象征，用以调节王权内部的秩序，从而维护社会稳定。这时的礼器主要包括玉器和青铜器。其中以玉礼器最为贵重，有玉璧、玉琮、玉圭、玉琥、玉璋、玉璜等，古人以

人龙纹环玉琮　西周

璧礼天，以琮礼地，以圭礼东方，以琥礼西方，以璋礼南方，以璜礼北方，合称"六器"，用以祭祀天地四方。青铜礼器种类数量众多，工艺精美，也十分重要，根据用途的不同，种类又分为各种食器、酒器、水器、乐器、杂器和兵器。传说大禹铸造九鼎，代表九州，作为国家权力的象征，还有"天子九鼎，诸侯七，大夫五，元士三"的说法，所以后来也以"问鼎"指代谋夺国家政权或在某一方面获得成功。

【国学故事】

孔子学琴

据《史记·孔子世家》中记载，孔子曾经跟从当时的大琴师师襄子学习弹奏古琴。师襄子教了他一首曲子后，孔子每日练习，丝毫没有厌倦。过了十天，师襄子说："这首曲子你弹得差不多了，可以学新曲子了。"孔子说："我虽学会了曲谱，基本能够弹奏下来，可是有一些技巧还没有完全掌握，还得再练练。"又过了许多天，师襄子说："弹奏技巧你也掌握得差不多了，可以学习新曲子了。"孔子说："还不行，我还没有品味出这首曲子的神韵。"又过了许多天，师襄子说："你已经领会了这首曲子的神韵，可以学新曲子了吧。"孔子说："还不行啊，我还没能体会出这首曲子的作者是一个什么样的人，还没能融入他的内心世界。"又练了很多天，孔子进入了一个新的境界：时而神情庄重穆然，若有所思，时而又怡然高望，意志深远。他说："我现在知道作曲者是一个什么样的人了。那人皮肤深黑，体形颀长，眼光明亮远大，像个统治四方诸侯的王者，若不是周文王还有谁能作出这样的乐曲呢？"师襄子听了孔子的话，赶紧起身拜了两拜，回答说："我的老师传授此曲时就是这样说的，这支曲子正是叫作《文王操》啊！"

一首曲子、一门技艺，都是具体的"器"，但它们也不仅仅是

"器",背后都有着"道"的影子。孔子不拘于一首曲子所限,也没有止于"学琴"本身,而能够通过不断练习、求索、体会,最终体悟了先王的德行情操,感受到先王的"大道",正是他"志于道,据于德,依于仁,游于艺"的终极写照,也是孔子之所以能成为圣人的原因所在。而对于领导干部来说,工作多是具体事务,一不小心,可能就会陷入各式各样的"器"中,而失却求道"之志",久而久之,可能就会止于事中、为物所"蔽"。如何超脱于一事一物,而"得其数""得其志""得其为人",孔子学琴的故事,个中道器深味,值得你我细细体会。

【现实启悟】

脚踏大地,仰望星空

在谈到一个人最合理的生存状态应该是什么样的时候,钱理群先生曾用两个词进行了概括,那就是"脚踏大地、仰望星空"。

道器问题,带给我们的是形而上与形而下的思考,也是"星空"与"大地"的抉择。没有"星空"的指引,我们就会陷入黑暗、迷茫,没有"大地"的支撑,我们也无法前行。习近平在北京大学考察时提出,"推进中国改革发展,实现现代化,需要哲学精神指引,需要历史镜鉴启迪,需要文学力量推动"。从当前现实看,领导干部级别越高就越重视学哲学,管的事越综合越全面就越重视学哲学,碰到急难险重问题越多的就越重视学哲学。

确实,只有超脱出具体问题来,才能思路清晰、看清前路,扎进具体问题中去,才能真正以实干促发展。目前我国正处于打造"工业4.0"、推进"中国制造2025"的关键期,只有坚持"脚踏大地、仰望星空",才能真正打赢产业结构调整这一仗,抢占国际制造业"智"高点。

二、细微之处常有大道

（一）

【原典】

东郭子问于庄子曰："所谓道，恶乎在?"庄子曰："无所不在。"东郭子曰："期而后可。"庄子曰："在蝼蚁。"曰："何其下邪?"曰："在稊稗①。"曰："何其愈下邪?"曰："在瓦甓②。"曰："何其愈甚邪?"曰："在屎溺。"

——（战国）庄周《庄子·知北游》

【注释】 ①稊（tì）稗：稻田的稗草。

②瓦甓（pì）：瓦块砖头。

【译文】 东郭子向庄子请教道："人们所说的道，究竟存在于什么地方呢?"庄子说："大道无所不在。"东郭子说："那必定得指出具体存在的地方才行啊。"庄子说："在蝼蚁之中。"东郭子问："道怎么会处在如此卑微低下的地方呢?"庄子说："道在稻田的稗草里。"东郭子又说："怎么越发低下了?"庄子说："道在瓦块砖头中。"东郭子说："怎么你说的道越来越低下了呢?"庄子说："那么道就在大小便里。"

（二）

【原典】

惛然^①若亡而存；油然不形而神；万物畜而不知：此之谓本根，可以观于天矣！

—— （战国）庄周《庄子·知北游》

【注释】 ①惛（mǐn）然：混沌昧暗。

【译文】 大道是如此混沌昧暗，仿佛宇宙间并不存在什么大道；然而实际上大道却又无处不在，它生机盛旺、神妙莫测。万物由它养育却一点也未觉察到它的存在：这就是道的本根，懂得了这一点，就能知天了。

（三）

【原典】

万物各异理，而道尽稽^①万物之理，故不得不化。

—— （战国）韩非《韩非子·解老》

【注释】 ①稽：集中。

【译文】 万物所承袭的理各不相同，而道却完全集中了万物之理，因此，道不得不寓于具体之物而随之化育成各种形态。

（四）

【原典】

天得之以高，地得之以藏，维斗得以成其威，日月得以恒其光，五常得之以常其位，列星得之以端其行，四时得之以御其变气，轩辕得之以擅四方，赤松得之与天地统，圣人得之以成文章。

—— （战国）韩非《韩非子·解老》

【译文】天秉承了道从而能够高升于万物之上，地秉承了道因而能蕴藏万物，维系众星的北斗秉承了道而能形成威势，太阳、月亮秉承了道而永放光芒，金、木、水、土、火这五行秉承了道而常处位次，众星秉承了道而能在各自的轨道上准确无误地运行，春夏秋冬四季秉承了道而形成了节气，黄帝体悟到了道而能统治天下四方，赤松子体悟到了道与天地同寿，圣人体悟到了道而能创造文明。

（五）

【原典】

故君子语大，天下莫能载焉；语小，天下莫能破焉。

——《礼记·中庸》

【译文】因此，君子所谓的"大"，就是说"道"大得连整个天下都载不下；君子所谓的"小"，就是说"道"小得天下之物没有一样能将它分开。

（六）

【原典】

以道眼观一切物，物物平等，本无大小、垄久、贵贱、善恶之殊。庄生知之，故曰道在屎溺，每下愈况。

——（清）严复《救亡决论》

【译文】从道的角度观察一切事物，每一事物都是平等的，本来就没有大小、高低、贵贱、善恶等区别。庄子洞察这一切，因此他与东郭子讨论道时，将道说得越来越低下卑微，最后说道就在屎尿之间。

惠施与名家

先秦诸子百家中，有一家提倡"循名责实"学说，其中心论题是所谓"名"和"实"的逻辑关系问题，所以被称作"名家"，也称"辩者""察士"，代表人物主要有惠施与公孙龙。两人代表了名家的两个基本派别：前者倾向于合万物之异（"合同异"），重视概念外延的扩大，提出了"至大无外、至小无内"等十个命题，被称为"历物十事"；后者倾向于离万物之同（"离坚白"），重视概念内涵的分离，认为"白马非马"。名家在战国时期就常被人视为"诡辩"，汉代以后更成为绝学，但是它对古代的逻辑思想的发展还是有很大贡献的。

惠施，即惠子，战国中期宋国人，著名的政治家、哲学家。曾担任魏国宰相长达 12 年，主张合纵抗秦，是魏国联合齐国和楚国共同对抗秦国的主要组织者和支持者。惠施和庄子是至交，经常一起辩论，可谓棋逢对手，庄子曾评价惠施很有学问，道术很多，写的书能装五车，成语"学富五车"就是由此而来。然而惠施的著作没能够流传下来，他的思想只有通过他人转述而为后人所知。《庄子》《荀子》《韩非子》《吕氏春秋》等书中都有对他思想的记载，而他与庄子的交往中，更是留下了"濠梁之辩"等流传千古的典故。惠子去世后，庄子也十分悲伤，哀叹"吾无与言之矣"。

箕子见微知著

箕子，名胥余，是殷商末年的一位贤臣，曾任殷太师之职，论辈分是殷纣王的叔父，在中国历史上以贤明著称，被誉为"中华第一哲人"，与微子、比干一道，被孔子列为殷末"三仁"。

殷纣王年轻时，"资辨捷疾，闻见甚敏；才力过人，手格猛兽"，是一个能文能武很有本领的人。他继位后励精图治，锐意改革，不杀奴隶，发展生产，更新观念，不事鬼神。征服东夷后，疆土扩大，农业发展，财粮增多。但到了统治后期，他开始腐败。

夕阳下的箕子湖

箕子任太师时，常通过宫中的侍从关注纣王。一次，他问侍从："大王吃饭时还用竹筷子吗？"侍从说："不再用竹筷子，已经改用象牙筷子了。"箕子听了十分担忧地说："用象牙筷子，还会再使用陶碗吗？接下来必然要配玉器啊。用象牙筷子、玉质杯盘，还会吃一般的饭菜吗？必然要吃山珍海味啊。吃了山珍海味，还能住得惯茅草屋子吗？必然会想要住富丽堂皇的宫室了。"侍从说："您说得很对，现在大王正准备盖宫室楼阁呢。"箕子说："这样下去，将一发不可收拾，再多的财富也会被消耗掉，奢靡之风会很快盛行起来，商朝怕是不会长久了啊。"

　　不久后，纣王建鹿台、造酒池肉林，生活极尽奢侈。忠臣比干劝谏，被纣王杀死。箕子多次进谏，但纣王充耳不闻，仍穷奢极欲我行我素，骄傲恣肆，专横跋扈，使箕子非常失望。有一天，纣王通宵宴饮，竟忘了日期，询问左右，近臣们面面相觑谁也不知道，便派人去问箕子。箕子对弟子说："君主忘日则天下忘日，不是好兆头，商朝的天下到危险关头了。一国皆不知而我独知，恐怕我也危险了。"令弟子告诉使者："太师醉了也不知道。"在这之后，他装疯卖傻，以避迫害，但最终仍被纣王囚禁。而殷商百姓的生活日益困苦，纷纷起义反抗，最终没过几年，商朝就被周武王所灭，纣王也在鹿台上自焚而死。

　　箕子的智慧主要体现在"见微知著"上，从小事中能够发现大问题，从细节中能够洞悉其深远影响，见到苗头就能知道事情的发展趋势，进而可以防微杜渐、防患未然。无论是修身还是行事，这种智慧都极为重要。

【现实启悟】

细微之处常有大道

　　道器相分，小大相对。庄子认为"道通为一"，大道无处不在，所以说"道在屎溺"。这对于我们来说，往往不太容易理解，但是换个角度想想，便犹如当头棒喝。"道在屎溺"，也可以说是"屎溺"中有"道"。人们往往关注大是大非、大事大功，认为其中有"道"，需循道而行，而容易忘记细微之处亦能见"道"。习近平在《之江新语·小事小节是一面镜子》一文中深刻指出："于细微处见精神，于细微处也见品德。小事小节是一面镜子，能够反映人品，反映作风。小事小节中有党性，有原则，有人格。"对关乎群众利益的一件一件小事的关注中，可见"为民务实"的治国理政大道；从抵制吃喝玩乐这些看似关乎生活情趣小事的地方，亦能寻"从严治党"的大道。而对每个党员领导干部来说，不以"成大事者不拘小节"而放松自我要求，不以"君子不器"而自视清高、不理杂务，不因群众之事琐碎细小而不予关怀，同时再能有小中见大、见微知著的智慧，那么正如程子所言"天下无一物无礼乐"，天下也无一事无"道"，又何必骑驴找驴，向他处去寻道呢？

三、我有不龟手之药

（一）

【原典】

三十辐共一毂①，当其无，有车之用。埏埴②以为器，当其无，有器之用。凿户牖③以为室，当其无，有室之用。故有之以为利，无之以为用。

——（春秋）老子《道德经》

【注释】 ①毂（gǔ）：车轮中间贯穿车轴的原木，其外承接三十根辐条。
②埏埴（shān zhí）：用黏土和水和成泥，压揉而成各种器物。
③户牖：指门窗。

【译文】 制作车轮时，以三十根辐条汇集到车毂上，然后把车毂中间挖空，这样，车轮才能滚动而有了车的功用；用黏土和水和成泥，能按压揉成各种器物，正是因为把器物做成中空，才可以装盛东西而有了器物的用途；建造房屋，只有预留出门窗的位置，将这些部位的墙壁凿空，才能让屋子投进光亮而有了房屋的功用。所以说，实在之物能让人见到实实在在的利益，而空虚无物则也有其相应的效用。

（二）

【原典】

是以圣人常善救人，故无弃人；常善救物，故无弃物。是谓"袭明"①。

—— （春秋）老子《道德经》

【注释】①袭明：袭，因袭；明，明知。因袭、明知大道而能时时事事顺从循行。

【译文】因此，明道之君任用人才而治理天下时，总能人尽其才而无废弃之人；明道之君利用万物而治理天下时，总能物尽其用而无闲置之物。这就是明知大道而顺其自然啊。

（三）

【原典】

子曰："君子不器①。"

——春秋《论语·为政》

【注释】①器：器物。

【译文】孔子说："君子不像器物那样（只具有某一方面的用途）。"

（四）

【原典】

举莛与楹①，厉②与西施，恢恑憰怪③，道通为一。其分也，成也；其成也，毁也。凡物无成与毁，复通为一。唯达者知通为一，为是不用而寓④诸庸。

—— （战国）庄周《庄子·齐物论》

【注释】①莛（tíng）与楹（yíng）：莛，草茎。楹，厅堂前的木柱。"莛""楹"，代指物之细小者和巨大者。

②厉：通"疠"，指皮肤溃烂，在这里代指丑陋之人。

③恢恑憰（guǐ jué）怪：恢，宽大；恑，奇变；憰，诡诈；怪，怪异。恢恑憰怪四字相连，概指千差万别的各种事态。

④寓：寄托。

【译文】从"道"的角度来看，细小的草茎和高大的庭柱，丑陋的人和漂亮的西施，大而无边、奇特变幻、诡诈狡猾、奇怪新异等千差万别的各种事物都是相通而浑然如一的。旧事物的分解，就意味着新的事物在生成，新的事物生成也意味着旧事物的毁灭。其实世间所有的事物并没有生成与毁灭的区别，都是相通而浑然如一的。只有通达大道的人才掌握事物相通而浑然如一之理，因此，人们不用执着于对事物作出人为的分析阐释，只需在平常的事物中去体认、感知大道就可以了。

（五）

【原典】————————————————————

能不龟手①一也，或以封，或不免于洴澼②絖③，则所用之异也。

———（战国）庄周《庄子·逍遥游》

————————————————————

【注释】①不龟手：龟，通"皲"。这里是指"不龟手之药"，即防止皮肤冻伤的药。

②洴澼（píng pì）：漂洗。

③絖（kuàng）：通"纩"，絮衣服的丝绵。

【译文】同样是一帖防止手冻裂的药方，有人靠它得到封赏，有人却只会用于漂洗丝絮，这是因为使用方法不同。

（六）

【原典】

夫尺有所短，寸有所长。

——（战国）屈原《楚辞·卜居》

【译文】 尺虽然比寸长，但和更长的东西相比，就显得短了；寸虽比尺短，但和更短的东西相比，就显得长了。

（七）

【原典】

大德不官，大道不器，大信不约，大时①不齐。

——《礼记·学记》

【注释】 ①大时：四时。

【译文】 德行非常高的人不限于担任一种特定的官职；通晓大道的人不囿于某一特定的用处；以诚信立身的人不需要依靠立约来约束他；天地有变化的不同四时，并不只有一季。

（八）

【原典】

圣人之官人，犹匠之用木也，取其所长，弃其所短。

——（北宋）司马光《资治通鉴·唐纪》

【译文】 明道之君选人用人，就好比木匠选用木材一般，善于利用他的长处，舍弃他的短处。

为何会有"百家争鸣"

百家争鸣是指春秋战国时期知识分子中不同流派涌现、各派学说"争芳斗艳"的局面。据《汉书·艺文志》的记载，当时数得上名字的流派一共有189家，著作共计有4324篇。而其后的《隋书·经籍志》《四库全书总目》等书则记载"诸子百家"实有上千家，但流传较广、影响较大的不过几十家而已，而最终又只有儒、道、墨、法等十家被发展成为真正意义上的学派。

"百家争鸣"是我国思想史、学术史上的一次"宇宙大爆炸"，不仅产生了儒家、道家、法家这样一些影响中国社会发展千年的大学派，而且后来的各种思想、学说也基本都可以在这里找到源头。

至于为何会出现"百家争鸣"，一般认为，春秋战国社会处于大变革大动荡时期，各诸侯国为富国强兵，到处招贤纳士，于是代表各个阶层、各派政治力量的学者、思想家，都企图按照本阶层或本集团的利益和要求，对社会乃至宇宙万事万物作出解释，或提出主张。他们著书立说，广收门徒，高谈阔论，互相诘难，于是出现了这种"百家争鸣"的局面。而随着秦始皇统一全国，"车同轨，书同文，行同伦"，地主阶级统治思想确立，封建大一统的国家形成，就很难再出现春秋战国时期那样"百家争鸣"的盛况了。

【国学故事】

伯乐相马

伯乐，原来是指传说中天上管理马匹的神仙。春秋时代有一个叫孙阳的人，由于他对马的研究非常出色，精于鉴别马匹优劣，后来人们逐渐不再叫他本来的名字，而直接称他为"伯乐"。

　　一次，伯乐奉楚王的命令，到各地去寻找千里马。他一连跑了好几个国家，都一无所获，连素来盛产名马的燕赵一带都仔细寻访过了，还是没发现中意的好马。一天，伯乐失望地从齐国返回，途经一处郊外的野地，遇到一个人在赶着一匹骨瘦如柴的马，只见那马拉着盐车很吃力地在陡坡上行进，累得呼呼喘气，每迈一步都十分艰难。

　　伯乐十分同情它，不由走到跟前。而那匹马见伯乐走近，突然昂起头、瞪大眼睛，大声嘶鸣，好像要对伯乐倾诉什么。伯乐立即从它声音中判断出，这是一匹难得的千里马。于是他对驾车的人说："这匹马如果在战场上驰骋，任何马都比不过它，但你用它来拉车，却不如普通的马。你还是把它卖给我吧。"驾车的人想，这匹马太差了，吃得很多，却骨瘦如柴，拉车还没力气，于是毫不犹豫地同意了，将马以比普通马稍高的价钱卖给了伯乐。

　　伯乐牵着马，兴冲冲地直奔楚国，来到楚王宫前，拍拍马的脖颈说："我给你找了个好主人。"那匹马好像明白伯乐的意思，抬起前蹄把地面踏得咚咚作响，引颈长嘶，声音洪亮，直上云霄。楚王听到马的嘶鸣声，走到宫外。伯乐指着马说："大王您请看，我把千里马给您带来了。"

　　楚王一见伯乐牵的马瘦得不成样子，认为伯乐是在糊弄他，不高兴地说："人们都说你会相马，我相信你，才让你去找千里马，可你买的这是匹什么马呀，看着连走路都很困难，能上得了战场吗？"

　　伯乐说："这确实是一匹千里马，只不过拉了一段时间车，又喂养得不够精心，所以看起来很瘦。只要精心喂养，不出半月，一定会恢复体力。"

　　楚王听了，将信将疑地命马夫去悉心喂养。果然，不出半月，马变得精壮神骏。楚王跨马扬鞭，顿觉两耳生风，不一会儿就已跑到百里之外。后来千里马为楚王驰骋沙场立下不少功劳。

"伯乐相马"笔洗

　　同一匹马，用来拉车连普通马都比不上，用来作战却可以驰骋沙场、建功立业。可见，同一事物放在不同的地方，用于不同的用途，会有完全不同的效果，对于人才来说尤为如此，后世多以"千里马"喻人才，也正是这个道理。瘦弱而死还是驰骋沙场，其中的关键就在于能不能发现它的特长，摆对"位置"，因材"施用"。所以，当我们感叹身边缺少"千里马"时，需先用"慧眼"审视一番，说不定，他就在你的面前呢！

【现实启悟】

扬长避短用人才

　　事物本身的"性质"固然重要，而更为重要的是如何去使用它。小小的"不龟手之药"，用到战场上却对战争的胜负起到了决定性的作用。惠子的大葫芦，看似鸡肋，到了庄子那里便成为"浮于江湖"的利器。还有一种理念认为，垃圾并不是真正的"废物"，而只是放错了位置的资源，如果能够用一定的技术手段对垃圾加以处理，再分门别类、各施其用，其价值可比黄金。推而广之，在我们的工作、生活中，一些看似无用的器物、资源，放到别的地方，可能会产生大作用。一些看似平凡无奇，甚至有些"没用"的人，放到合适的岗位上，可能也会产生不一样的"化学反应"。习近平曾经在出席全国组织工作会议时强调："要树立强烈的人才意识，寻觅人才求贤若渴，发现人才如获至宝，举荐人才不拘一格，使用人才各尽其能。"这就要求我们要思贤若渴、广路进才，慧眼辨才、惜才如命，礼贤下士、敬重有加，扬长避短、人尽其才。创新的事业呼唤创新的人才，只有在全社会大兴识才爱才敬才用才之风，不断开创人人皆可成才、人人尽展其才的生动局面，才能实现"才聚业兴"的双赢结果。

四、勘破表象始得真道

（一）

【原典】

天下皆知美之为美，斯恶已；皆知善之为善，斯不善已。有无相生，难易相成，长短相形，高下相倾，音声相和，前后相随，恒也。

—— （春秋）老子《道德经》

【译文】 天下人都知道美之所以为美，那是由于有丑陋的存在。都知道善之所以为善，那是因为有恶的存在。有和无相互转化，难和易相互促成，长和短相形而现，高和下相益而生，合奏出的乐音与单一发出的乐声相和相应，前面和后面相依相随，这些是客观存在，永远存在的现象。

（二）

【原典】

天下皆谓我道①大，似不肖②。夫唯大，故似不肖。若肖，久矣其细也夫！

—— （春秋）老子《道德经》

【注释】①我道：道即我，我即道。

②似不肖：不似任何具体之物。

【译文】天下人都称赞道广博宏大，虽然道玄远宏大，却不似任何具体一物。也正因为道玄远宏大，所以才不相似于任何具体一物。如果道相似于任何具体一物，那么早就变得十分渺小了。

（三）

【原典】

古者包牺氏之王天下也，仰则观象于天，俯则观法于地，观鸟兽之文，与地之宜，近取诸身，远取诸物，于是始作八卦，以通神明之德，以类万物之情。

——战国《周易·系辞下》

【译文】远古时代，包牺氏治理天下时，抬头观察天空万象，俯身观察大地万物，他观察鸟和兽的花纹斑块，以及土地上所适宜种植的物种，近处的取自于人的身体，远处的取自于万物，然后才开始制八卦，以此来领会天地神明之德，同时又用于分类区别万物的情状。

（四）

【原典】

枢始得其环中，以应无穷。是亦一无穷，非亦一无穷也。故曰：莫若以明。

——（战国）庄周《庄子·齐物论》

【译文】把握住了大道的枢纽，也就等于抓住了事物的本质，从而能顺应事物无穷无尽的变化。"是"的变化是没有穷尽的，"非"的变化也是没有穷尽的。所以说，倒不如以空明如镜的无我之心，来映照万物的本然之态。

（五）

【原典】

可以言论者，物之粗也；可以意致者，物之精也；言之所不能论，意之所不能察致者，不期精粗焉。

——（战国）庄周《庄子·秋水》

【译文】可以用言语来谈论的，只是事物粗浅的外在表象；可以用心意来传授的，则是事物精深的内在本质。言语所不能谈论的，心意所不能传授的，那就超越了上述所谓的"精深"和"粗浅"的范围了。

（六）

【原典】

以道观之，物无贵贱；以物观之，自贵而相贱；以俗观之，贵贱不在己。

——（战国）庄周《庄子·秋水》

【译文】用自然之大道来看待万物，万物本没有贵贱高低之分；从万物自身来看待万物，每一事物都以自己为贵而以他物为贱；从世俗之人的眼光来看待万物，万物的贵贱其实并不在于事物自身。

（七）

【原典】

人希见生象也，而得死象之骨，案其图以想其生也，故诸人之所以意想者皆谓之"象"也。今道虽不可得闻见，圣人执其见功以处见其形。故曰："无状之状，无物之象。"

——（战国）韩非《韩非子·解老》

【译文】人们很少能见到活的大象，却常能发现死象的尸骨，然后依据死象尸骨的样子来想象描绘活象的样子，因此，人们将据以想象的东西都叫作"象"。现在，人们虽然听不到、看不见大道，但明道之君依凭它所彰显的用途来推断它的形状。因此，老子说："道就是没有显露形状的形状，是没有具体形象的物象。"

【国学常识】

中国古代的"象"思维

"象"是中国古代思想体系中的重要概念，也是独具中华民族思维特质的重要范畴。它源自于先民的"尚象"意识，古人"依类象形"创造文字，"观象制器"制造各种器物，"观象授时"订立历法，医学中的"脉象"、天文中的"天象""气象"，再到宗教巫卜、诗乐舞蹈中，都存在这一意识的延伸。

而《易经》中易象与龟卜、占筮的结合，则确立了"象"作为沟通天地人的中介、作为统摄一切文化信息的符号载体的地位，"象"思维由此成型。《易经》中以阴阳二爻为基本元素，按照数的奇偶排列组合推演出各种"卦象"，并通过一个复杂的意向系统将情景相关、意义相通的事物联系成可以"理喻"的东西，由此将"象"与"道"连通，使其提升到哲学层面，具有了形而上的意义。而通过象征、联想、类比、暗示等方式，物象世界与观念世界也都得以用整合的、情感的、富于意义的方式表述。商周以后，经过先秦思想家的重新阐释与精神超越，"象"也逐渐成为辐射哲学、史学、文学、美学等多领域的，蕴涵文化观念与审美特质的一种特殊的思维传统，成为构建古代思想意识系统的基本文化符号，进而成为整个古代学术的逻辑起点之一。

北京古观象台紫微殿悬挂清代乾隆皇帝题写的"观象授时"匾额

【国学故事】

颜回偷食

　　《吕氏春秋》中记载了这样一个故事：孔子在陈国与蔡国之间流亡时，一度断粮了，有一次足有七天七夜没吃上饭，只能无精打采地躺在那里。这一天，孔子的弟子颜回找到了一点米，准备煮给老师吃。当饭快要煮熟的时候，颜回突然先抓起一把米吃了。孔子躺在一边，悄悄地看在眼里，没有说什么，但是觉得颜回有点失"礼"，所以不大高兴。

过一会儿，饭煮好了，颜回请孔子先吃。孔子想到刚才的事，想提点一下颜回，于是故意说："我刚刚梦见先父了，所以应当把干净的食物先供奉先人，然后自己再吃。"颜回答道："万万不可！刚才有土掉进锅里，我把它捞起来了，正准备倒掉时，又想到一粥一饭来之不易，于是就把它吃了，但是饭已经有些弄脏了，所以千万不能用以供养先君。"孔子这才知道是自己错怪颜回了。

事后，孔子感叹道："我信任自己的眼睛，但是哪怕是亲眼看到的有时候也并不可靠啊；我信赖自己的心，但是用心分析的结果有时候也是靠不住的啊。弟子们，你们要切记：了解一个人，本来就很不容易啊！"

有人说"耳听为虚，眼见为实"，但是在这个故事里，"眼见"的也与事实相差甚远。孔子对颜回的了解不可谓不深，他曾在多个场合褒奖颜回，甚至认为自己都需要学习颜回乐道的境界。但是当眼见"颜回偷食"时，他仍然会选择相信自己的眼睛、相信自己的判断，而以往所有关于颜回的认知都被抛弃了。他甚至没有想想，以颜回一直以来的为人，怎么会做出"偷食"这样的举动？圣人尚且如此，我们普通人会被所看到的表象、所听到的谣言蒙蔽到什么程度，也就可想而知了。世界是很复杂的，人是很难了解的，相信自己的观察、坚持自己的判断固然重要，但是有时也不能太固执于"己见"，多想想事情背后是不是还有其他的可能性，习惯于透过多个表象反复验证自己的论断，我们才能做到"无情复盘"，"颜回偷食"这样的误会才会尽量减少。

【现实启悟】

学会透过现象看本质

现象是事物的外部表现，本质是事物的内部联系。一般认为，现象是表层的、特殊的、流变的，而本质则是深层的、普遍的和不变的。因此，现象是可观察的，本质则是需要通过现象来把握的；而同时，仅观察现象也是远远不够的，只有把握了本质，才把握住普遍、不变的东西，才能用其指导我们的行为，才不会被表象所蒙蔽。

所以，我们看事物必须看到其实质，把表象看作入门的向导，一进门就要抓住它的实质，这才是可靠的科学分析的方法。反之，不去思考事物的本质，而满足于一种最低级、最幼稚、最庸俗的方法去工作、去生活，是极不可取的。

坚持透过现象看本质，才能分清表里主次。习近平在湖北省调研期间，谈到改革方法论时他强调："必须从纷繁复杂的事物表象中把准改革脉搏，把握全面深化改革的内在规律。"这里所说的"内在规律"，就是指本质。本质不是明确无误地摆在那里，它需要运用科学方法，由粗到精、由表及里地层层剖析、步步推进才能最终被认识。

坚持透过现象看本质，才能将问题根治。习近平指导兰考县委常委班子专题民主生活会时说："要透过现象看本质，在解决个别具体问题的同时，着力解决面上的普遍性问题。"只有从本质上发现问题、分析问题，才能从根子上解决问题，而不是流于走形式，才不会在相似问题上多次"跌倒"。

五、处其实不处其华

（一）

【原典】

信言不美，美言不信。

—— （春秋）老子《道德经》

【译文】 真实至诚的话语总是朴质无华、实实在在的，而浮华动听的言论则常常徒有其表、虚伪不实。

（二）

【原典】

子曰："质^①胜文^②则野，文胜质则史，文质彬彬，然后君子。"

——春秋《论语·雍也》

【注释】 ①质：合乎仁的内在德性。
②文：合乎礼的外在形式。

【译文】 孔子说："质朴胜过文饰，就会像一个乡人一般，粗野而没有规矩可言；文饰胜过质朴，则会像宗庙里的祝官或是衙门里的文书员，注重合乎礼的繁文缛节，实际上虚浮而没有根基。只有合乎仁的内在德性与合乎礼的外在形式相结合，才是一个真正的君子。"

（三）

【原典】

子曰："礼云礼云，玉帛云乎哉？乐云乐云，钟鼓云乎哉？"

——春秋《论语·阳货》

【译文】孔子说："总说礼呀礼呀，难道说的是玉帛之类的礼器吗？总说乐呀乐呀，难道说的是钟鼓之类的乐器吗？"

（四）

【原典】

有子曰："礼之用，和为贵。先王之道，斯为美，小大由之。有所不行，知和而和，不以礼节之，亦不可行也。"

——春秋《论语·学而》

【译文】有子说："礼之应用，贵在能和。古代君主的治国之道，其高明和谐之处都在此，无论小事大事都以此而行。如果有行不通的地方，只是知道和谐为贵的道理而为了'和'而'和'，一意求'和'，却不以礼来加以节制，那也是不可行的。"

（五）

【原典】

道隐于小成，言隐于荣华①。

——（战国）庄周《庄子·齐物论》

【注释】①荣华：浮夸粉饰之言。

【译文】大道被一孔之见隐蔽了，至言被浮华之词隐蔽了。

（六）

【原典】

荣华者，谓浮辩之辞，华美之言也。只为滞于华辩，所以蔽隐至言。所以老君经云：信言不美，美言不信。

——（唐）成玄英《庄子疏·齐物论》

【译文】 荣华，是指浮夸论辩之辞，即华美机巧的言论。由于人们只争浮华辩论之长短，所以至理真言就被遮蔽了。因此，老子在《道德经》里说：真实至诚的话语总是朴质无华、实实在在的，而浮华动听的言论则常常徒有其表、虚伪不实。

（七）

【原典】

观其坐高堂，骑大马，醉①醇醴而饫②肥鲜者，孰不巍巍③乎可畏，赫赫④乎可象也？又何往而不金玉其外，败絮其中也哉？

——（明）刘基《卖柑者言》

【注释】 ①醉：醉饮。
②饫（yù）：饱食。
③巍巍：高大的样子。
④赫赫：显赫的样子。

【译文】 （卖柑的小贩说：）你看这些人个个身居高位，骑着高头骏马，山珍海味吃够，琼浆玉液喝醉，哪一个不是威风凛凛，令人敬畏？哪一个不是显赫威严，受人效仿？可又有哪一个不像我所卖的柑橘那样，表面上如华美的金玉，内里却像破棉絮一样呢？

文以载道

"文以载道"的思想，早在战国时期荀子那里就已初露端倪。荀子在《解蔽》《儒效》《正名》等篇中，都曾提出要"文以明道"。后来唐代文学家韩愈又提出了"文以贯道"之说，他的门人李汉在《昌黎先生序》中说："文者，贯道之器也。"

而"文以载道"的命题，则是宋代思想家周敦颐提出来的。他在《周子通书·文辞》中说："文所以载道也，轮辕饰而人弗庸，涂饰也。"意思是文章是用来承载"道"的载体，就好像车子是用来载人的一样，如果车不载人，车轮和车扶手装饰得再好看也没有用。后来朱熹也曾说："道者文之根本，文者道之枝叶。"他们的观点虽然表述不一，但都认为：文章，或者在更大范围内讲，文艺应该承载真善美等永恒价值，并能发挥其对人民的教化功能和对社会思想的引导作用，经世致用，有益于天下。

周敦颐赏莲纹卧足杯　清粉彩

买椟还珠与秦伯嫁女

《韩非子》中记载了这样两个故事。一个故事是说，楚国有个商人，在郑国卖珠宝。他用名贵的木兰雕了一只装珠宝的匣子，并用桂椒调制的香料对盒子进行熏蒸，又装饰上美玉、翡翠，他本想的是这样珠宝的卖相会好看一些，更容易卖出去。哪知道，有个郑国人看上了匣子，把匣子买了去，却把里面的珠宝还给了他。韩非子评论说，这个人可以说是会卖匣子，不能算得上是会卖珠宝。

另一个故事是说，秦国的国君秦穆公要把自己的女儿嫁给晋国的公子，秦穆公很疼爱自己的女儿，因而给她置办了丰厚的嫁妆，光是穿上华丽衣服陪嫁的丫鬟就有七十个。可是到了晋国后，晋国公子喜爱上了那些穿着华丽衣服前来陪嫁的丫鬟，秦穆公的女儿反倒被冷落在了一旁。韩非子说，这可以称得上善于嫁丫鬟，而不善于嫁女儿啊。

这两个故事看似毫不相干，但其实都是在讽刺当时的学者们崇辩辞尚浮夸，而他们所想传授的经世致用的理论、所想宣扬的"大道"反倒被淹没其中了。无论是匣子、陪嫁，还是文采、辩辞，都是为珠宝、公主以及"大道"所服务的，是为了让珠宝更受欢迎、公主更受重视、学说为君主所接受，但是当匣子、陪嫁、文采辩辞过了"度"，过于"华丽"、过于"丰厚"，反倒会违背主人的本意，起到相反的作用，珠宝被返还、公主被冷落、学说被忽略，这是多么悲哀的事情啊！

形式不可超越内容

孔子说："质胜文则野，文胜质则史，文质彬彬，然后君子。"其实就是在探讨形式与内容的关系问题。人们一般是不喜约束、向往自由的，因而我们经常会遇到的是"野"的问题，"不修边幅""不拘小节"，都可以与之联系。但是，另一方面，"史"的情况则往往容易为我们所忽视。特别是在工作中，"形式主义""形象工程"等，空耗资源、折损公信力，对党和人民的事业有百害而无一利。习近平提出"既严以修身、严以用权、严以律己，又谋事要实、创业要实、做人要实"的重要论述。其中，这"三实"就是针对党员干部队伍中凸显出来的重形式不重内容、重表现不重实际的情况提出来的。

我们党一直以来都反对形式主义，认为形式主义是片面追求形式而忽视内容的一种形而上学的观点、方法和作风，它极端地夸大事物的表面形式，不讲实际内容和实际效果，与党的实事求是的思想路线和作风格格不入，其实质就是主观主义、功利主义。所以，反对形式主义，关键要从事情的实际内容、实际情况、实际效果着手，看形式是否超越了内容，看形式是否成为了目的，而并不是要戒除一切"形式"，"一刀切"式地反形式主义，其实也是在以形式主义反对形式主义。形式主义这种顽症之所以久戒不绝，根源在于部分党员干部政绩观错位，责任心缺失以及"上行下效"，只有不断加强教育、完善制度、强化监督，同时广大党员领导带头做好表率，才能将形式主义彻底扼杀。

第三篇 天道屈伸

　　天道，或说天命，是中国哲学的重要范畴，常与人道相关联。一些学者主张，天道是客观的自然规律，天人互不干预。"天行有常，不为尧存，不为桀亡"。另一些学者则认为天有意志，天道和人事是相互感应的，天象的变化是由人的善恶引起的，也是人间祸福的预兆，这便是所谓的"天人感应"。两种观点虽有些差别，但基本的共识是，天道是人类应当顺应、效法和敬畏的对象。

　　那么"天道屈伸"该作何解呢？事实上，天道或者说天命，从作为自然规律、法则的意义上讲，它确实是恒常不变的，并无屈伸之说。但是当它作用于世间万物，特别是人的身上时，往往会出现有所"损益"的结果。所以曾国藩说："一损一益，自然之理也。"而这种"损益"从人的角度来看，便是"屈伸"了。"屈伸"既由天定，接受起来就更为"心安理得"，而天命所向时，便"伸"，天命背离时，便"屈"，也成了人们顺应天道、自然的必然选择。

　　"屈伸"虽无常，但却"有时"，所以先人在敬畏天道之余，还开创了"时"的智慧，希望通过对"时"的把握来在某种程度上消解天道屈伸的过度影响，以"尽人事"，"知命"而不"认命"，所以说，明智的人总能"因时而变"。

　　此外，人们还发现了天道（命）的两个特点：一个是"维新"，另一个是"不言"。四时往复、万物生灭都是天道运行所致，事物的发展更新都由天道所主导，然而它却不"显现"出来，人们只能通过各种迹象、各种征兆去感悟和体察。

一、天行有常

（一）

【原典】

天不变其常，地不易其则，春秋冬夏不更其节，古今一也。

——（春秋）管仲《管子·形势》

【译文】 天不会改变它恒常的运行规律，地不会改变它恒常的运行法则，春秋冬夏也不会改变它恒常的节令，从古到今都是这样。

（二）

【原典】

天，覆万物，制寒暑，行日月，次星辰，天之常也。

——（春秋）管仲《管子·形势解》

【译文】 天，覆育着万物，规定着寒来暑往，运行着日月，安排着星辰，这是天的恒常之道。

（三）

【原典】

治之以理，终而复始。故用常者治，失常者乱。天未尝变，其

所以治也。故曰："天不变其常。"

——（春秋）管仲《管子·形势解》

【译文】 天总是依据自然规律安排一切，周而复始。因此，按自然之道治理天下就能顺治，不按自然之道治理天下就会大乱。天从来不曾改变它的规律，所以天下万物总是处于"治"的状态。所以说："天不改变它恒常的自然之道。"

（四）

【原典】

天之道，不争而善胜，不言而善应，不召而自来，𢓴然①而善谋。天网恢恢②，疏而不失③。

——（春秋）老子《道德经》

【注释】 ①𢓴（chǎn）然：安然、坦然。

②天网恢恢：天网，指自然规律；恢恢，指宽广无边。

③疏而不失：疏，指宽疏；失：遗漏。

【译文】 自然的原则和规律是：不争不斗却往往能取得胜利，沉默不言却往往能得到应有的回应，不主动召唤却往往使万物甘愿归集，看似漫不经心却筹谋得十分周全。自然规律是那样宽广恢弘、无边无际，看似疏松稀散，却从来不会有所遗漏。

（五）

【原典】

天之道，其犹张弓与？高者抑之，下者举之；有余者损之，不足者补之。天之道，损有余而补不足。

——（春秋）老子《道德经》

【译文】 自然的规律，不是像张弓射箭一样吗？弦拉高了就把它往低处压一点，弦拉低了就把它往高处抬一些，用力太大拉得过满了就把它松一点，用力太小拉得不足了就再用力一些。上天所遵循的自然规律，是减少有余的、补给不足的。

（六）

【原典】

天不为人之恶寒也辍冬，地不为人之恶辽远也辍广，君子不为小人之匈匈也辍行。天有常道矣，地有常数矣，君子有常体矣。

—— （战国）荀况《荀子·天论》

【译文】 上天并不会因为人们厌恶寒冷就终止冬天的到来，大地并不会因为人们讨厌茫远就改变其宽广，君子并不会因为小人的喋喋不休就中止行道。上天有恒久不变的法则，大地有恒久不变的规律，君子有恒久不变的原则。

（七）

【原典】

浑浑沌沌，离则复合，合则复离，是谓天常。天地车轮，终则复始，极则复反，莫不成当①。日月星辰，或疾或徐，日月不同，以尽其行。四时代兴，或暑或寒，或短或长，或柔或刚。

—— （战国）吕不韦《吕氏春秋·仲夏纪》

【注释】 ①咸当：恰到好处。

【译文】 道混混沌沌的，时而分离了又会合，时而会合了又会分离，这就是所谓的自然之永恒规律。天地万物就像车轮一样往前转动，转到尽头又重新开始，到终极又返回，真是恰到好处。日月星辰的运行，有的运行飞快，有的运行缓慢。太阳和月亮的轨道不同，却又都能周而复始地运行在各自的轨道上。春夏秋冬四季更迭着出现，有的季节炎热，有的季节寒冷，有的季节白日短，有的季节白日长，有的季节属于柔，有的季节属于刚。

【国学常识】

二十四节气

二十四节气是中国古代订立的一种用来指导农事的补充历法，是古代劳动人民长期经验的积累和智慧的结晶，形成于春秋战国时期，在《淮南子》一书中就已经有了和现代完全一样的二十四节气的名称。

二十四节气是根据太阳在黄道（即地球绕太阳公转的轨道）上

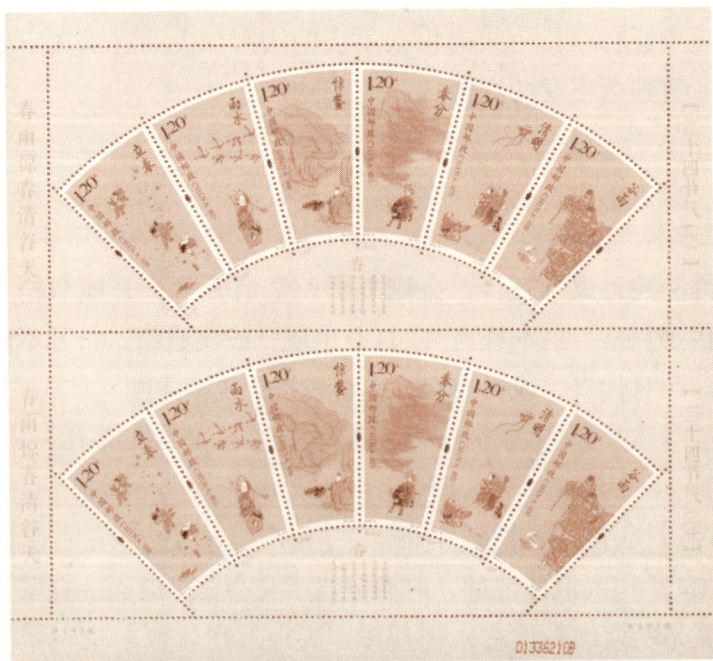

二十四节气（一）纪念邮票

的位置来划分的。太阳从春分点（黄经零度，此刻太阳垂直照射赤道）出发，每前进 15 度为一个节气，运行一周又回到春分点，为一回归年。

从二十四节气的命名可以看出，节气的划分充分考虑了季节、气候、物候等自然现象的变化。其中，立春、立夏、立秋、立冬是用来反映季节的，合称"四立"，分别表示四季的开始。春分、秋分、夏至、冬至是从天文角度来划分的，反映了太阳高度变化的转折点。小暑、大暑、处暑、小寒、大寒这五个节气反映气温的变化，用来表示一年中不同时期寒热程度。雨水、谷雨、小雪、大雪四个节气反映了降水现象，表明降雨、降雪的时间和强度。白露、寒露、霜降三个节气表面上反映的是水汽凝结、凝华现象，但实质上反映出了气温逐渐下降的过程和程度。小满、芒种则反映有关作物的成熟和收成情况。惊蛰、清明反映的是自然物候现象，尤其是惊蛰，它用天上初雷和地下蛰虫的复苏来预示春天的回归。

人们根据二十四节气创作了多种民歌、农谚以及童谣，《新华字典》中收录了二十四节气速记诗：

春雨惊春清谷天，夏满芒夏暑相连；

秋处露秋寒霜降，冬雪雪冬小大寒。

2006 年 5 月 20 日，"二十四节气"作为民俗项目经国务院批准列入第一批国家级非物质文化遗产名录。2014 年 4 月，中国文化部正式启动将"二十四节气"列入联合国教科文组织"人类非物质文化遗产名录"的申报工作。

【国学故事】

子欲养而亲不待

有一次，孔子正在赶路，突然听到有人在哭，声音听起来很悲哀。孔子对驾车的人说："这哭声，虽然听起来很悲哀，却不像是家中有人去世的悲痛之声啊！我们快些走，前面一定有贤人。"

前行不一会儿，果然看到一个不寻常的人，身披粗布、抱着镰刀，在道旁哭泣。

孔子于是下车，上前问道："先生，请问您是什么人呢？"

那人回答说："我叫丘吾子。"

孔子又问："看您现在并不是在服丧期间，为何会哭得这样悲伤呢？"

丘吾子说："我这一生有三个大的过失，可惜到了现在才觉悟到，已经是追悔莫及了。"

孔子说："您的这三个过失，可以说给我们听听吗？希望您能告诉我，不要有什么隐讳啊。"

丘吾子悲痛地说："我年轻的时候喜欢学习，游历天下到处寻师访友，可是等到回来的时候，却发现父母都已经过世了，这是我的第一大过失；等到年长一些后，我侍奉君王，然而君王却不听劝谏，骄傲奢侈，尽失民心，我未能尽到为人臣子的职责，这是我的第二大过失；我平生非常重视友谊，可如今朋友之间却离散的离散、断绝的断绝，好多都见不到了，这是我的第三大过失。"

说完，丘吾子又仰天长叹道："树木想要静下来，可是风却刮个不停；子女想要奉养父母，父母却已经不在了。时间过去了，就永远不会再回来了；父母故去了，就再也见不到了啊！就让我从此离开这个人世，去陪伴已故的双亲吧！"说完，他就死去了。

孔子很感慨地对弟子们说："你们应当记住这件事，它值得我们引以为鉴啊！"

"树欲静而风不止，子欲养而亲不待"，君王不听劝谏、朋友有聚有散，世间的很多事情都不会以我们的意志为转移，而等到我们明白、反应过来的时候，往往已经太晚了。与其事情过去以后后悔莫及，不如抓住机会、略尽人事，在父母在的时候就好好孝敬他们，与朋友交往的时候就把酒言欢，处理工作的时候竭尽所能，这样当回首往事的时候，才能"不因碌碌无为而悔恨、不因虚度年华而羞耻"。

【现实启悟】

抓住民族复兴的历史机遇

"天行有常"，是说上天乃至整个自然、社会、历史的发展是有一定规律的，而且这个规律不会因为某个人或者某个国家而改变。这一结论，一个方面告诉我们天下大势不可更改，有些结果必须接受，但另一个方面也指出了"机遇"的重要性。感叹"子欲养而亲不待"是因为没有抓住父母"在"时这个机遇去孝敬他们，从而导致了终生的悔恨；"树欲静而风不止"是因为没有抓住"无风"时候的机遇，使自己长粗、长大、拥有对抗狂风的力量，所以只能在狂风中摇摆。近年来，我国经济社会发展增速放缓，进入了"新常态"，这固然是由经济社会的发展规律所决定的，是经济社会发展到一定阶段的必然结果，但是我们未尝不能从中寻找到新的历史机遇，这未尝不是我们消化解决长期快速发展过程中遗留的一些问题的最好机会。2015 年 5 月 29 日，习近平在浙江召开华东七省市党委主要负责同志座谈会，听取对"十三五"时期经济社会发展的意见和建议时强调："当前和今后一个时期，世界经济环境仍然比较复杂，机遇和挑战相互交织，时和势总体于我有利，我国发展的重要战略机遇期仍然存在。"只要我们能在国内市场、基础设施与新业态投资、绿色生态、对外合作等领域不断着力，加强自身的发展壮大，继续稳增长、调结构，就一定能抓住"新常态"下民族复兴的历史机遇，实现中国梦。

二、天命维新

（一）

【原典】

周^①虽旧邦^②，其命^③维新。

——春秋《诗经·大雅·文王》

【注释】 ①周：指周国。夏商两朝时，周国都是诸侯国。到了周文王时国力强大，后至武王时灭掉商朝，建立周朝。
②邦：指古代诸侯封国。
③命：指天命。

【译文】 周国虽然是一个旧的诸侯国，但由于文王秉承天命，励精图治、弃旧布新，所以它终能自我更新。

（二）

【原典】

盛德大业至矣哉！富有之谓大业，日新之谓盛德。生生之谓易。

——战国《周易·系辞上》

【译文】 天道的"盛德大业"达到极致了啊！成就万物而不居功就是天道的"大业"，日新月异是天道的"盛德"。一阴与一阳相互交合运转，生生不已、气象更新、变化不止，这就是"易"。

（三）

【原典】

泽中有火，革。君子以治历明时。

——战国《周易·革》

【译文】水泽中有火，这是变化改革的征兆。君子若看到这个卦象，要明白泽水有涨有落、草木有荣有枯的规律，从而通过修治历法，来明确时气节令。

（四）

【原典】

故治国无法则乱，守法而弗变则悖，悖乱不可以持国。世易时移，变法宜矣。

——（战国）吕不韦《吕氏春秋·察今》

【译文】所以，治理国家没有法令制度，那么这个国家就会混乱不堪，但死守古老僵化的法令制度而不根据时势的变化而变化，就会出现谬误，没有法令和死守过时的法令都不能治理好天下。时代在发展，社会形势在转变，改革法令制度才是合宜的。

（五）

【原典】

汤之《盘铭》曰："苟日新①，日日新，又日新。"

——《礼记·大学》

【注释】①新：本义指洗澡的时候洗去身体上的脏渍污垢，从而使身体干净一新，此处引申为精神上的除旧图新。

【译文】商朝的开国君主商汤，曾经将一句自警之语刻在洗澡的盆子上，这句话说的是："假如每天都能清除旧的更换新的，那么将来的每一天都要弃旧图新，不间断地除旧更新。"

（六）

【原典】

譬诸日月，虽终古常见而光景常新，此所以为灵物也。

——（唐）李德裕《文章论》

【译文】就好比太阳和月亮，虽然从古至今日日可见，却日日常新、变幻无穷，所以才算是真正能灵动变化、吐旧纳新之物。

（七）

【原典】

如将不尽，与古为新。

——（唐）司空图《二十四诗品·纤秾》

【译文】宇宙天地终古常见，却又并非故步自封、因循沿袭，若能深入体察、与古为新，则光景常新。

（八）

【原典】

天变不足畏，祖宗不足法，人言不足恤。

——（元）脱脱等《宋史·王安石列传》

【译文】不必畏惧自然天道的灾异，不必盲目效法前人制定的法规制度，不必顾忌无知之辈的流言蜚语。

【国学常识】

维新变法与戊戌六君子

维新变法，又称戊戌变法，是指以康有为、梁启超为主要领导的资产阶级改良主义者，通过说服光绪皇帝而进行的以倡导学习西方、提倡科学文化、改革政治教育制度、发展农工商业等为主要内容的政治改良运动。变法从 1898 年 6 月 11 日持续至 9 月 21 日，共计 103 天，因此也称为"百日维新"。

19 世纪末，世界主要资本主义国家相继进入帝国主义阶段，列强加紧了对落后国家和地区的侵略，掀起了瓜分中国的狂潮。《马关条约》的签订，使中国再次遭受割地、赔款以及主权进一步丧失的厄运，加速了中国社会半殖民地化的进程。亡国灭种的危急形势迫使一些先进的中国人开始寻找新的救国救民道路。维新变法就是在这种背景下发生的。

然而，维新变法因为损害到以慈禧太后为首的守旧派的利益，所以遭到了强烈抵制，1898 年 9 月 21 日慈禧太后等发动政变，将光绪皇帝囚禁至中南海的瀛台，维新派的康有为、梁启超分别逃往法国、日本，谭嗣同、康广仁、林旭、杨深秀、杨锐、刘光第共 6 人于 1898 年 9 月 28 日在北京惨遭杀害，史称"戊戌六君子"。

戊戌变法是中国近代史上一次重要的政治改革，也是一次思想启蒙运动，对促进中国近代社会的进步起了重要推动作用，也为 13 年之后爆发的辛亥革命打下了思想基础。

【国学故事】

赵武灵王胡服骑射

战国时期，赵武灵王即位的时候正值赵国国势衰落，就连中山国那样的小国也敢来侵扰边境。好几次差点就发生大将被擒、城池被占的事。而赵国的地理位置也很不利，东北同东胡相接，北边与匈奴为邻，西北与林胡、楼烦接壤。这些部落都以游牧为生，人人都擅长骑马射箭，经常靠着精锐的骑兵进犯赵国边境。

赵武灵王看到胡人穿着窄袖短袄，生活起居和狩猎作战都比较方便，打仗时多用骑兵、弓箭，比中原各国的兵车、长矛也更为灵活机动，于是也想在赵国推行胡服骑射。

可是，他的改革在国内遭到了抵制。国人都觉得胡服不符合礼仪，不愿穿胡服，赵武灵王的叔叔公子成更是因此称病不来上朝。赵武灵王派使者前去说服他，公子成说："中原地区在圣人的教化下，采用礼制，是值得远方的其他国家学习效法的。现在大王反倒去效仿夷族、要求我们都穿胡服，这是擅改先王之礼、违背人心的举动，还请大王慎重考虑。"

听了使者的回禀，赵武灵王亲自登门解释说："我们赵国东面有齐和中山，北面有燕与东胡，西面是楼烦，还与秦、韩两国接壤。如果不加强骑马射箭的训练，哪里能守得住祖宗的疆土呢？先前中山国依仗齐国的支持，侵犯领土、掠夺人民，又引水围灌鄗城，多亏老天保佑，鄗城才最终没有失守，先王深为此事而羞耻。所以我决心改穿胡服，推广骑射，想以此抵御外侮，一报中山国之仇啊。"公子成幡然醒悟，欣然从命，第二天便穿戴胡服入朝。随后，赵武灵王正式下达改穿胡服的法令，倡导民众学习骑马射箭。

由于推行胡服骑射，赵国很快建立起一支以骑兵为主体的强大军队，最终灭掉了中山国，把中山王迁到陕西，进而成为当时除秦国之外国力最强的国家。

改革总是会触碰到一些既得利益者的利益，或者会与人们习以为常的传统相冲突，进而遭到抵制。但是天命所向，顺之者昌、逆之者亡，不改革最终注定没有出路，只会被湮没在历史的洪流中。只有以大魄力、大勇气再加以大智慧，改革才能成功推进，国家才

赵武灵王胡服骑射复原图

会走向富强。梁启超认为，赵武灵王是自商、周以来四千余年中的第一伟人，堪比沙皇俄国的彼得大帝，此言不虚。

【现实启悟】

改革创新是历史必然

"天命维新"，国家的发展需要持续不断地改革创新。同时，改革创新不可能一蹴而就，也不可能一劳永逸，而要当作一个长期工程、系统工程来抓。历史上一个个鲜活的例子证明，只有顺应历史的发展趋势，不断改革创新，人民才能富裕、国家才能富强，而阻碍改革、反对改革的人，即使一时或许会得逞，最终也会被历史狠狠地"抽一耳光"。全面深化改革、加强创新驱动，无疑是当代中国发展进步最强有力的引擎。习近平在作关于《中共中央关于制定国民经济和社会发展第十三个五年规划的建议》的说明时指出："落实创新驱动发展战略，必须把重要领域的科技创新摆在更加突出的地位，实施一批关系国家全局和长远的重大科技项目。这既有利于我国在战略必争领域打破重大关键核心技术受制于人的局面，更有利于开辟新的产业发展方向和重点领域、培育新的经济增长点。"抓创新就是抓发展，谋创新就是谋未来。不创新就要落后，创新慢了也要落后。放弃改革创新就会走进死胡同，只有顺应历史必然，以更大的政治勇气和智慧，真枪真刀推进改革，才能早日实现"腾笼换鸟，凤凰涅槃"，为经济社会持续健康发展提供强大动力。

三、天何言哉

（一）

【原典】

大道氾①兮，其可左右。万物恃之以生而不辞，功成而不有。

——（春秋）老子《道德经》

【注释】 ①氾：普遍，广博。

【译文】 大道广阔无边、周流广博，它或左或右，无所不在。天地万物依赖它生长和发展，它却从来不推辞，天地万物因它而功成名就，它却从来不自我矜夸。

（二）

【原典】

道也者，动不见其形，施不见其德，万物皆以得，然莫知其极。

——（春秋）管仲《管子·心术上》

【译文】 所谓道，它运行时我们看不见它的形态，它周遍布施时我们看不见它德惠的过程，万物无时无刻不从它那儿获得成其自身之性，但始终不知道它到底为何物。

（三）

【原典】

　　其道既得，莫知其为之。其功既成，莫知其释之。藏之无形，天之道也。疑今者，察之古。不知来者，视之往。万事之生也，异趣而同归，古今一也。

——（春秋）管仲《管子·形势》

　　【译文】既然已经体认了大道，却往往没有察觉是怎么做到的；既然已经成就了万物，却往往没有察觉是怎么离开的。好像将自己隐藏了起来，谁也看不见它的形态，这就是"天道"啊。因而，对现世有所疑惑的，可以去考察古代；对未来之势无法看清的，可以去考察历史。万事万物的本性，在形态趣旨上虽各有不同，但总是同归于一理，这个规律从古至今都没有变过。

（四）

【原典】

　　子曰："君子欲讷于言，而敏于行。"

——春秋《论语·里仁》

　　【译文】孔子说："一个真正的君子，常说话迟钝谨慎些，而做事敏捷勤快些。"

（五）

【原典】

　　子曰："天何言哉？四时行焉，百物生焉，天何言哉？"

——春秋《论语·阳货》

【译文】孔子说："上天说了些什么呢？春夏秋冬自然运行，各种动植物自生自长，上天说了些什么呢？"

（六）

【原典】

子曰："古者言之不出，耻躬之不逮^①也。"

——春秋《论语·里仁》

【注释】①不逮：不及。

【译文】孔子说："古人不肯轻易出言承诺，以行为不能兑现承诺为耻。"

（七）

【原典】

彼至则不论，论则不至。明见无值，辩不若默。道不可闻，闻不若塞：此之谓大得。

——（战国）庄周《庄子·知北游》

【译文】真正体悟了大道的人不会妄加议论，妄加议论的人就是没有真正体悟大道。向外昭露地寻找大道是不会真正有所体察的，一味与人善言巧辩倒不如自己沉默不语。道不可能通过言传而得到，听到了关于大道的传闻倒不如塞耳不听：做到了这些，才算懂得了玄妙之道。

（八）

【原典】

天地有大美而不言，四时有明法而不议，万物有成理而不说。

——（战国）庄周《庄子·知北游》

【译文】 天地具有伟大的美却无法用言语表达，四时运行具有显明的规律却无法加以评议，万物的变化具有现成的定规但却用不着加以谈论。

【国学常识】

孔子的说话艺术

人们常知君子有"三畏""三立"，其实君子还有"三愆"。《论语·季氏》中有载："孔子曰：侍于君子有三愆：言未及之而言，谓之躁；言及之而不言，谓之隐；未见颜色而言，谓之瞽。"就是说，陪伴君子谈话时，有三种过失：一是没到该你说话的时候就着急说话，这叫作"躁"；二是该你说话的时候你不说话，这叫作"隐"；三是不看别人的脸色便轻率地开口说话，这叫作"瞽"，也就是"盲目"。这三种情况都应当注意避免。

"三愆"讲的其实是说话时机的把握问题，既要注意什么时候该说、什么时候不该说，又要注意根据谈话对象的反应来调整，体现了孔子的谈话艺术。《论语·卫灵公》中还有一段话，是关于孔子谈论说话内容的。"子曰：'可与言而不与之言，失人；不可与言而与言，失言。知者不失人，亦不失言。'"孔子说，可以跟人说的话却不同他说，这样会失去朋友；而不可以跟人说的话，却同他说了，这样就会说错话。有智慧的人既不会失去朋友，也不会说错话。

能把握说话的时机和说话的内容，避免各种过失，方能称得上"会说话"。

【国学故事】

王衍清谈误国

王衍，字夷甫，西晋人，出身于显赫的琅琊王氏，是"竹林七贤"之一王戎的堂弟,曾经担任过中书令、尚书令、司徒、司空与太尉等职。他端庄清秀,有着一双"纤纤玉手",《世说新语》里形容他长得俊美,手比白玉还要白。

王衍能言善辩,喜欢清谈。一开始他好谈国事,说得头头是道,晋武帝信以为真,以为他有治国之才,准备让他做辽东太守,去守

历代帝王像——晋武帝司马炎 唐 阎立本

卫边疆。当时正值辽东有战事，王衍吓得赶紧推掉，从此缄口不论政事，整天只谈虚说玄，不着边际。而当时世风崇尚玄学，由于他的谈吐比别人都要更深远、更虚无缥缈，因此不久就声名鹊起、名动当世，成为名士领袖。

王衍的家世、名气，让他很年轻就做到高位，历任要职。而他喜欢避实就虚、清谈玄理也反倒使他能在激烈的政治斗争中游刃有余。在他的推动之下，崇尚虚无的清谈之风更盛，一时间，亲贵大臣以及门阀士人们都习惯故弄玄虚、自命清高、追求"风度"，而耻于实干，西晋国势每况愈下。

不久，西晋发生八王之乱，北方的游牧民族乘机入侵，王衍在随东海王司马越出征的过程中，被石勒的大军擒获。石勒对于王衍这位西晋第一名士非常仰慕，待之以礼，称呼他为"王公"，并向他询问西晋国内情况。王衍鞭辟入里地陈述了西晋发生祸乱的根由，并借机替自己开脱，说自己从年轻时起就不爱参与政事，只想做点学问，迫不得已才出来做官，西晋的祸乱跟自己没有关系，并劝石勒称帝。石勒听了勃然大怒道："你名重四海之内，身居要职，从很年轻的时候就开始在朝为官，一直做到今天都已经满头白发了，你怎么还敢说自己不爱参与政事？天下搞成今天这个样子，就是你的罪过。"随后，石勒命人将墙推倒，把王衍一行压死。王衍临死前说："我虽然比不上古人有才干，但是如果不是追求浮虚、堕于清谈，而是勉力来匡扶天下，也不至于落到今天这个地步啊。"

王衍死后几十年，桓温北伐时，在中原登临远眺，也感慨："国土失陷，中原百年来成为一片废墟，王衍这些人有摆脱不了的罪责啊！"

"空谈误国，实干兴邦"，王衍临终的哀叹成了这句话的绝佳注释。如果说普通百姓空谈玄远，纵使无益于己，尚不至于误国的话，那么肩负职责与使命的各级官员，如果也只会空喊口号、耍耍嘴皮，不去切实行动、实干有为的话，就不仅是害己，还会误国误民了。

【现实启悟】

空谈误国，实干兴邦

上天从来不说话，只是默默地让四季周而复始、万物自然生长，其中也蕴含着"天道"。孔子说"天何言哉"，一方面是于"天道"有所悟，另一方面也是为了警示学生勿"以言语求道"。《弟子规》也说："话说多，不如少，惟其是，勿佞巧。"意思是说，说话宁少勿多，而且应当讲真话、讲实话，要避免花言巧语。语言是人类最重要的信息交流工具，也是思想的载体，对于人类文明发展必不可少。但是有很多问题，也是从语言中来，无用的清谈、浮夸的言论、过多的争论、空洞的口号以及各种花言巧语，都对人类社会的健康有序发展有极大危害。事实证明，只有减少空谈，慎言实干，国家才能发展、民族才能兴旺。

习近平在《关键在于落实》的文章中明确指出："'空谈误国，实干兴邦。'这是千百年来人们从历史经验教训中总结出来的治国理政的一个重要结论。"提倡实干兴邦，有两层基本含义：其一是，有方向、不争论、埋头干，想明白的事情，就要认真去做，无谓的争论毫无意义；其二是，从政治文化的角度，各级党员领导干部一定要避免陷入到清谈文化之中，避免只会"空谈大义"，而不愿意解决任何具体问题。若能做到少说话、多干事，少喊喊口号、多想想办法，聚精会神搞建设、一心一意谋发展，"兴邦"便指日可待。

四、君子有三畏

(一)

【原典】

胡不相畏，不畏于天。

——春秋《诗经·小雅》

【译文】 为什么不彼此敬畏，甚至不畏惧天道。

(二)

【原典】

我不可不监①于有夏，亦不可不监于有殷。我不敢知曰，有夏服天命，惟有历年；我不敢知曰，不其延。惟不敬厥德，乃早坠厥命。我不敢知曰，有殷受天命，惟有历年；我不敢知曰，不其延。惟不敬厥德，乃早坠厥命。

——春秋《尚书·召诰》

【注释】 ①监：鉴戒。

【译文】 我们不可不以夏代为鉴戒，也不可不以殷代为鉴戒。我不敢妄下论断说夏人承受天命，究竟承受了多长时间；我也不敢妄下论断说夏人的国运，不会维持太久。我只是知道，由于不重视自己的品德言行，他们早早就丧失了从上天那里承受的福命。同样的，我不敢妄下论断说殷人承受天命，究竟承受了多长时间；我也不敢妄下论断说殷人的国运，不会维持太久。我只是知道，由于不重视自己的品德言行，他们早早就丧失了从上天那里承受的福命。

（三）

【原典】

天视自我民视，天听自我民听。

——春秋《尚书·泰誓中》

【译文】上天所看到的，全都来自于我们百姓所看到的；上天所听到的，全都来自于我们百姓所听到的。

（四）

【原典】

子曰："**君子有三畏：畏天命，畏大人，畏圣人之言。小人不知天命而不畏也，狎大人，侮圣人之言。**"

——春秋《论语·季氏》

【译文】孔子说："君子敬畏三件事情：一是敬畏天道天命，二是敬畏地位高、德行高的人，三是敬畏圣人所说的话。小人不知道有天命的存在所以不敬畏天命，对地位高、德行高的人只求亲近狎昵，对圣人之言则多加戏侮。"

（五）

【原典】

子曰："**吾十有**①**五而志于学，三十而立，四十而不惑，五十而知天命，六十而耳顺，七十而从心所欲，不逾矩。**"

——春秋《论语·为政》

【注释】①有：通"又"。

【译文】孔子说："我十五岁的时候，开始立志于学习；三十岁的时候，能够坚定自立；到了四十岁，对外界事物和世间道理能通达而没有疑惑；五十岁时，知晓什么是天命；六十岁，能明白贯通所听到的各种言论，不再感到违逆于心；到了七十岁，我只放任我的心随心所欲，而不会逾越出规矩法度之外。"

（六）

【原典】

子曰："不知命，无以为君子也。"

——春秋《论语·尧曰》

【译文】孔子说："不懂得什么是天命，就不能成为真正的君子。"

（七）

【原典】

其功顺天者天助之，其功逆天者天违之。天之所助，虽小必大；天之所违，虽成必败。顺天者有其功，逆天者怀其凶，不可复振也。

——（春秋）管仲《管子·形势》

【译文】谁若顺应天道去作为，上天就会帮助他；谁若悖逆天道去作为，上天就会背弃他。得到了上天的帮助，即使弱小也可以变得强大；遭到上天的背弃，即使成功也会变为失败。顺应天道的可以得到其所要得到的，违逆天道的就会招致灾祸，终归无法重新振作。

（八）

【原典】

惟仁者为能以大事小，是故汤事葛，文王事昆夷。惟智者为能以小事大，故太王事獯鬻^①，勾践事吴。

—— （战国）孟轲《孟子·梁惠王下》

【注释】 ①獯鬻（xūn yù）：夏朝君主桀的儿子。

【译文】 只有心怀仁德的君子才能以大国的身份去侍奉小国，因此商汤能侍奉葛伯，周文王能侍奉昆夷。只有智慧的君子才能以小国的身份去侍奉大国，所以周太王侍奉獯鬻，越王勾践侍奉吴王夫差。

（九）

【原典】

时运不齐，命途多舛。冯唐易老，李广难封。屈贾谊于长沙，非无圣主；窜梁鸿于海曲，岂乏明时？所赖君子见机，达人知命。

—— （唐）王勃《滕王阁序》

【译文】 每个人的时机命数不同，而一个人一生的命运又常有不顺之时。冯唐年事已高，也没有得到升迁，李广纵然战功赫赫，但至死也没有得到封侯。贾谊遭受毁谤，汉文帝只得将他贬为长沙王，而当时那个时代并非没有圣明的君主。梁鸿因作了一首《五噫歌》被章帝下令追捕，逼得他改名换姓逃到齐鲁海滨，难道这不是发生在政治昌明的时代吗？只不过君子能见机行事，通达的人知晓天命罢了。

君子三乐

《孟子·尽心上》中说："君子有三乐，而王天下不与存焉。父母俱存，兄弟无故，一乐也；仰不愧于天，俯不怍于人，二乐也；得天下英才而教育之，三乐也。君子有三乐，而王天下者不与存焉。"就是说，君子在世，有三件最快乐的事，其中并不包括称王于天下这件事。父母都健在，兄弟们没病没灾，这是第一件乐事；抬头无愧于上天，低头无愧于别人，这是第二件乐事；身边聚集着天下的优秀人才并能够教育他们，这是第三件乐事。这三件，就是君子在世最值得快乐的事，称王于天下并不包括在内啊。

这"三乐"，体现了孟子豁达自足的人生境界和价值追求。

朱熹在《四书章句集注》解读说："此三乐者，一系于天，一系于人，其可以自致者，惟不愧不怍而已。"朱子认为，父母兄弟的健康安危，某种程度上是由上天决定的，而"得天下英才而教育之"，也只是一个理想，自己也决定不了。只有第二种快乐才完全取决于我们自身。

《四书章句集注》书影　清刊本

【国学故事】

杨震"四知"

杨震，字伯起，是东汉时期的名臣。他通晓经籍、博览群书，被众儒生称赞为"关西孔子杨伯起"。他教了二十多年的书，州郡长官多次请他去做官，他都没有应允。直到50岁时，被大将军邓骘征召，才开始步入仕途，历任荆州刺史、东莱太守等职。

在前往东莱郡上任的时候，杨震路过昌邑县，恰好原先他所举荐的秀才王密正在昌邑当县令。王密非常感谢杨震的"知遇之恩"，当天夜里就怀揣着十斤金子要送给杨震。

杨震很不高兴地说："我们是老朋友了。我了解你的心意，可是你怎么能不了解我做人的原则呢？"王密回答说："没关系，我特地选择夜里来，没有人会知道的。"杨震说："天知道，地知道，你知道，我也知道，怎么能说没有人知道呢？"王密听了这番话，很惭愧地回去了。

杨震后来调任涿郡太守，为人奉公廉洁，子孙常常吃素菜，出门靠步行。老朋友中有人想让他为子孙置办产业，杨震说："让后代人说他们是清官的子孙，把这个'产业'留给他们，不是也很丰厚吗？"

【现实启悟】

要常怀敬畏之心

蛮荒时代，人类刀耕火种、逐水而居，大自然的风雨雷电让远古先民心生畏惧，于是他们开始膜拜、敬畏上天。然而随着科技的不断发展，人类对自然、对"上天"的探索越来越多，自信心越来越膨胀，膜拜与敬畏也越来越少。但是海啸、飓风、地震、洪水、沙暴，巨大的灾难一次次告诉我们，人类在自然面前是多么渺小，人类的认识还是多么有限，这一切的一切，可能都是对人类丧失敬畏之心的"惩罚"。

延伸到国家社会领域，一些重大案件、重大问题的发生，也往往是敬畏之心淡漠的后果。明代大儒方孝孺说："凡善怕者，必身有所正，言有所规，行有所止，偶有逾矩，亦不出大格。"常怀敬畏之心的人，不会轻易浮躁，不容易"出格"，不容易"犯错误"，内心自然能养出正气、庄严与崇高。特别是对于领导干部来说，常怀敬畏之心是其保持"情为民所系、利为民所谋、权为民所用"的根本保证。习近平在部队视察时指出，各级干部特别是高级干部受警醒、明底线、知敬畏。无论是对自然、对人民，还是对法律、对手中的权力，只有常怀敬畏之心、戒惧之意，才能树立正确的世界观、权力观、事业观，才能找对做人、做官、做事的正确方向。

五、明者因时而变

（一）

【原典】

子曰："麻冕①，礼也；今也纯，俭，吾从众。"

——春秋《论语·子罕》

【注释】①麻冕：用麻布织就的礼帽。

【译文】孔子说："用麻布做礼帽是古代的礼制规定。但现在人们都改用黑丝绸来代替麻布做礼帽了，这种做法比用麻布节俭了许多，我跟从大家的做法。"

（二）

【原典】

故兵无常势，水无常形，能因敌变化而取胜者，谓之神。

——（春秋）孙武《孙子兵法》

【译文】因此，用兵作战、排兵布阵不是一成不变的，正如水没有固定的形状和流向一样，能够根据敌情变化行动并取胜的，叫作用兵如神。

（三）

【原典】

圣人者，应时权变，见形施宜，世异则事变，时移则俗易，论世立法，随时举事。

——（春秋）文子《文子·道德》

【译文】圣人能够顺应时代变化而权变，能根据具体情况而采取相应的措施。世道不同了，那么立身处世的方式就得转变；大的时局改变了，那么社会习俗也跟着改变。判断天下大势、制定规矩法令，都得随时局变化加以处理。

（四）

【原典】

艮，止也。时止则止，时行则行，动静不失其时，其道光明。

——战国《周易·艮》

【译文】艮，即审慎抑止。根据时势的变化，该静止的时候就要静止，该行动的时候就要行动，静止或行动都不应错过时机，这样，前路才会一片光明。

（五）

【原典】

日中则昃①，月盈则食，天地盈虚，与时消息，而况于人乎！

——战国《周易·丰》

【注释】①昃（zè）：太阳偏西。

【译文】太阳到了正午就逐渐往西边偏移，月亮盈满之日就要逐渐亏缺。天地万物有生长之时、有衰退之时，都随"时"的推移而此消彼长、兴盛衰亡，天地尚且如此，何况是人呢！

（六）

【原典】

明者因时而变，知①者随事而制。

——（西汉）桓宽《盐铁论》

【注释】 ①知：通"智"。

【译文】 明道之人会根据时势的变化而改变策略，有智之人会依据世事的变化而更新法令。

（七）

【原典】

鲁定公序昭穆，顺祖祢，昭公废卿士，以省事节用，不可谓变祖之所为而改父之道也。二世充大阿房以崇绪，赵高增累秦法以广威，而未可谓忠臣孝子也。

——（西汉）桓宽《盐铁论》

【译文】 鲁定公依据昭穆制度，给闵公和僖公安排合适的位置，把颠倒的顺序恢复过来；鲁昭公废止卿士制度，以节省开支，他们都改易了父祖成法，可谁也没说他们的做法违背父祖的意志。秦二世继续修建阿房宫，以推崇秦始皇的意旨，赵高推广秦国严苛的法令，以增加他的威严，可没有人称赞他们是忠臣孝子。

《易经》与"十翼"

　　《易经》是中国古代经典之一，被誉为"大道之源"。《易经》总的来说是一本揭示世界万物变化的书，以宇宙间万事万物为观察和研究的对象，用"阴"和"阳"两个基本要素，描述了一个阴阳变化的系统。这里"易"的含义主要有三个，即"变易""简易"以及"不易"。

八卦易经图

现在我们看到的《易经》，内容包括《经》和《传》两个部分。《经》相传系周文王所作，由伏羲八卦推演而来，主要包括六十四卦、三百八十四爻，卦和爻各有说明，即卦辞、爻辞，作为占卜之用。《传》则包括解释卦辞和爻辞的七种文辞共十篇，分别为《彖》上下、《象》上下、《文言》、《系辞》上下、《说卦》、《序卦》、《杂卦》，统称"十翼"，就是十种用以"辅助"理解易经的著作的意思。"十翼"是一个有机的整体，是自成体系的哲学著作，使《易》完成了从占筮之学到哲学的过渡。"十翼"相传为孔子所撰，司马迁在《史记·孔子世家》记载："孔子晚而喜易，序彖、系、象、说卦、文言。读易，韦编三绝。"就是指的孔子作"十翼"之事。但当代学者一般认为它是战国或秦汉时期儒家的作品，并非出自一时一人之手。

汉武帝"独尊儒术"后，将《经》和《传》合称为《易经》，列为群经之首、设教之书，自此以后，《周易》《易经》《易》的称谓混合使用，均指六十四卦及《易传》。也有学者为了便于区分，称六十四卦及卦爻辞为《周易古经》，称"十翼"为《周易大传》。

【国学故事】

刻舟求剑

《吕氏春秋》中记述了一个故事，说有一个楚国人出门远行，在乘船过河的时候，一不小心，把随身佩带的宝剑掉落到湍急的流水里去了。船上的其他人都替他着急，大叫："你的剑掉进水里了，快下河去捞啊，不然就找不到了！"

只见这个楚国人却不慌不忙地拿出一把小刀，用小刀在船舷上刻了个记号，然后对大家说："我的剑就是从这里掉下去的。"

众人疑惑不解地望着那个记号，有人又催促他说："是从这里掉下去的，还是得快下水去找剑呀！"

这个楚国人说："不用慌，记号在这呢，待会儿再找也不迟。"

船终于行到岸边停下了，这个楚国人这才不慌不忙地顺着他刻有记号的地方下水去找剑。可是，他怎么能找得到呢？他在岸边船下的水中，白费了好一阵工夫，结果毫无所获，只招来了众人的耻笑。

【现实启悟】

与时俱进创新篇

面对新情况、新问题、新形势，我们需要有新理念、新思路、新对策。这就要求我们与时俱进、顺势而为、迎难而上，用新思维、新视野、新角度去看待问题、分析问题、解决问题。如果思维僵化、视野狭窄、角度单一的话，就不能及时调整、寻求出路，反倒会错失良机。习近平在吉林调研时再度提及新常态，强调适应和把握我国经济发展进入新常态的趋势性特征，保持战略定力，增强发展自信，坚持变中求新、变中求进、变中突破，走出一条质量更高、效益更好、结构更优、优势充分释放的发展新路，推动我国经济向形态更高级、分工更优化、结构更合理的阶段演进。

适应新常态的关键在于认识新常态，只有充分认识新常态，了解其特点、规律，才能"变中求新、变中求进、变中突破"。而认识新常态的关键则在于去除旧思维、转变旧观念，用动态的眼光看问题，这样才能找到与之相适应的新方法、新机制。而若是故步自封、刻舟求剑，"身体"处在新常态，思维却仍在过去，还在想着粗放式发展，肯定要出问题。

与时俱进集中体现了中华民族的哲学智慧，是时代的强音、科学的命题，是我们党思想路线的重要组成部分。只有坚持与时俱进、因时而变、随事而制，方可在新常态下创新篇。

第四篇 地道无成

　　《周易·文言传》中说："阴虽有美，含之，以从王事，弗敢成也。地道也，妻道也，臣道也。地道无成而代有终也。"这里是用"阴"比喻臣下，是说臣下虽有美德，但宜当深藏含隐，从而更好地服务于君王，而不敢居功自傲。这是"地道"的原则，也是"妻道""臣道"的原则：地道不能单独地完成生育万物的功业，但是在时序的交替中，它始终一贯地在发挥作用。《周易·系辞传》中还有地之道"曰刚曰柔"，《陆贾新语》中有"天生万物，以地养之"等说法。总的来说，"地"是作为"天"的"对应面"而存在的，天生之，地便养之；天为阳，地便为阴；天为刚，地便为柔；天为君，地便为臣……"地"总是以一种辅助者、承载者的角色出现，所以说"地道无成"。"无成"并不是真的没有成就，而是说有了成就也不居功。

　　"地道无成"，"地"总是用宽广的胸怀隐藏在背后默默承载，乐于包容，厚德载物；它与天分工协作，善于合作，养育万物，成就世界；它养育万物却不与天争功，甘于处下；在冬去春来、日出月落的时序交替中，它始终一贯地在发挥作用，勇于持恒、坚忍不拔……所有的这些，都是"地"所表现出来的美好品质，都是"地道"的核心。而"地"之所以能做到这些，是与它"怀抱"苍生、敢于担当分不开的。道德是社会关系的基石，是人际和谐的基础，实现中华民族伟大复兴的中国梦需要强大的精神力量和道德力量的支撑。中华民族在长期的发展过程中，传承下来许多世人所认可的道德规范，涌现出一批感人至深的道德人物和道德故事。

一、君子以厚德载物

（一）

【原典】

地生养万物，地之则也。治安百姓，主之则也。教护家事，父母之则也。正谏死节，臣下之则也。尽力共养，子妇之则也。地不易其则，故万物生焉。主不易其则，故百姓安焉。父母不易其则，故家事辨焉。臣下不易其则，故主无过失。子妇不易其则，故亲养备具。故用则者安，不用则者危。地未尝易，其所以安也。故曰："地不易其则。"

—— （春秋）管仲《管子·形势解》

【译文】大地生养孕育万物，这是大地运行的法则。治理百姓使他们安居乐业，这是君主治国的原则。教养子女、监护家事，这是做父母的责任。对君王能规劝甚至以死相谏，这是做臣子的职责。尽力供养双亲，这是做子女的义务。大地不改变它的法则，所以万物自生自长。君主不改变他的原则，所以百姓安居乐业。父母不推卸他的责任，所以家事得到治理。臣子不放弃他的职责，所以君主少有过失。子女不放弃他的义务，双亲就能颐养天年。因此，遵照法则办事万事便能顺和，不遵照法则办事就十分危险。大地从未改变它的法则，万物所以总处于一种安然自若的状态。这就是所谓的

"地不易其则"。

（二）

【原典】

海不辞水，故能成其大；山不辞土石，故能成其高；明主不厌人，故能成其众；士不厌学，故能成其圣。

—— （春秋）管仲《管子·形势》

【译文】 大海不排斥水滴，所以能够成为大海；大山不排斥土石，所以能成为高山；明道之君不厌恶人民，所以四方百姓来归；士子不厌恶学习，所以能成为明达的圣人。

（三）

【原典】

生之畜之，生而不有，为而不恃，长而不宰，是谓"玄德"①。

—— （春秋）老子《道德经》

【注释】 ①玄德：玄远、幽秘、深邃的德性。

【译文】 （道）化生、养成万事万物，却不占为己有；成就万事万物却不居功自恃；贵为万事万物之长，却并不主宰它们。这就是大道玄妙深远的德性。

（四）

【原典】

是以大丈夫处其厚①，不居其薄②。

—— （春秋）老子《道德经》

【注释】 ①厚：指立身敦厚朴实。

②薄：指浮华浅薄之事。

【译文】因此，堂堂正正的大丈夫总是持守立身敦厚之道，绝对不会行浮华浅薄之事。

（五）

【原典】

《象》曰：地势坤，君子以厚德载物。

——战国《周易·坤》

【译文】《象传》中有言：坤卦象征着宽厚广袤的大地，君子应当效法大地的品质，敦厚和顺，博大宽广，兼容并包。

（六）

【原典】

大其心，容天下之物；虚其心，受天下之善。

——（唐）施肩吾《西山群仙会真记》

【译文】为人放宽心胸，就能容纳天下万事万物；处事谦虚谨慎，就能收获天下至仁至善。

【国学常识】

周公吐哺，天下归心

曹操的《短歌行》里有两句诗"周公吐哺，天下归心"，说的是周公以厚德待人、礼贤下士，最终天下顺服的典故。周公姓姬名旦，是周文王第四子，周武王的弟弟，我国古代著名的政治家，曾两次辅佐周武王东伐纣王，并制礼作乐，大治天下，孔子对他极为称道。

西周时"康侯"青铜斧

《史记·鲁周公世家》记载："周公戒伯禽曰：'我文王之子，武王之弟，成王之叔父，我于天亦不贱矣。然我一沐三捉发，一饭三吐哺，起以待士，犹恐失天下之贤人。子之鲁，慎无以国骄人。'"武王早逝，成王年幼，为了稳定初建的周朝，周公于是留在国中辅佐成王，而命儿子伯禽代自己到鲁国受封。临行前周公告诫伯禽说："我是文王的儿子、武王的兄弟、成王的叔父，在全天下人中，我的地位也算不低了。但我却洗一次头要多次握起头发，吃一顿饭要好几次吐出正在咀嚼的食物，随时准备起身接待贤人，这样还怕失掉天下的贤才。你到鲁国之后，万万不可因为有了封地而骄慢失人啊。"

　　周公后来成为后世为政者的楷模，孔子及历代儒家都把周公作为最高的人格典范，把周公的仁政作为最高的政治理想，大力倡导周公的礼乐制度。

舜以厚德得天下

舜，传其称号为有虞氏，姓姚，名重华，字都君，谥曰"舜"，所以也称虞舜，是尧之后，中国上古时代又一位有名的部落联盟首领。

《史记》中记载，舜从年轻时起就十分仁厚贤德。他的父亲是个瞎子，生母去世后，父亲又娶了一个妻子，并生了一个儿子。父亲喜欢继母生的儿子，而不大喜欢舜，所以即使舜犯了很小的过失，他也要严厉地加以惩罚，甚至总是想方设法地要杀死舜。可是舜非常聪明，每次父亲和弟弟想杀死他的时候，总是找不到他，一旦有事情需要舜做的时候，他已经在旁边恭候着了。有一次，父亲和弟弟设计让舜爬到粮仓顶上，去给仓顶加涂泥巴，可是舜刚爬上仓顶，父亲就让弟弟把梯子撤走了，还在下面放火焚烧粮仓，想要烧死舜。但是舜把两个斗笠绑在胳膊上，像长了翅膀一样，从粮仓顶上跳下来顺利地逃走了。还有一次，父亲和弟弟又谋划着让舜去挖井，想要找机会杀死他。舜知道父亲和弟弟的险恶用心，但是仍然去认真地挖井，只是事先在井壁上凿出了一条通往别处的暗道，以备不虞。果然，挖到深处时，父亲和弟弟开始一起往井里填土，想要活埋舜，但舜又从暗道安全地逃离了。父亲和弟弟都以为舜这次必死无疑，舜回到家时，他们正在商量如何瓜分舜的财产，但看到舜还活着，就假惺惺地说："你跑到哪里去了？我们特别想你啊……"他们就这样一次又一次地想方设法害舜，但舜不计前嫌，还像以前一样侍奉父亲、友爱弟弟，从来没有出现松懈怠慢的举动。

后来舜的美名逐渐传扬开了，尧知道后，认为他德行厚重，堪当大任，就把两个女儿娥皇、女英嫁给他，后来又让位于他，舜将政事处理得井井有条，显示出出色的治国方略和政治才干，天下人都归服于他。

【现实启悟】

人而无德，行之不远

　　包容一直都是中华传统美德的核心内容，中华文化之所以历久而弥新，也在于其包容性，能够不断吸收其他文化的合理内容。习近平曾在巴黎联合国教科文组织总部发表重要演讲时说："世界上有200多个国家和地区，2500多个民族和多种宗教。如果只有一种生活方式，只有一种语言，只有一种音乐，只有一种服饰，那是不可想象的。""对待不同文明，我们需要比天空更宽阔的胸怀。"在文化、文明层面如此，个人层面亦然。习近平成为党和国家最高领导人，应该说不是偶然的。从河北正定的政治起点，到他以后在福建17年的历练，都不是完全一帆风顺的，也遇到这样那样的困难和挫折。可是，他的胸怀非常开阔，善于包容各种不同意见的人，特别是能够宽容犯过错误甚至伤害过自己的人，这是一般人难以做到的。他待人宽容厚道，但在涉及群众利益的大是大非面前，又非常坚持原则。他在《之江新语》中说："人而无德，行之不远。没有良好的道德品质和思想修养，即使有丰富的知识、高深的学问，也难成大器。"这种"明大德、守公德、严私德"，同时又宽容厚道的君子之风，值得每个党员领导干部学习。

二、凡事败于专而成于共

（一）

【原典】

黾勉①同心，不宜有怒。

——春秋《诗经·邶风》

【注释】①黾（mǐn）勉：努力、勉力。

【译文】夫妻要勤勉努力、同心协力，不应该常有怒气互不相容。

（二）

【原典】

尔无忿疾于顽①。无求备于一夫。必有忍，其乃有济。有容，德乃大。

——春秋《尚书·君陈》

【注释】①顽：固执、冥顽不化的人。

【译文】对于固执冥顽之人，不要忿然忌恨。因为我们不能对别人求全责备，要求他人尽善尽美。为人必须要学会谦让忍耐，这样才能利人利己、有所补益。有容人之量，德行才能提高。

（三）

【原典】

二人同心，其利断金。同心之言，其臭①如兰。

——战国《周易·系辞上》

【注释】 ①臭：通"嗅"，香味的意思。

【译文】 假如两个人同心协力，那么他们的力量足以弄断坚硬的金属。心意相投的言论就会像兰草那样芬芳，使人容易接受。

（四）

【原典】

天下之水，莫大于海，万川归之。

——（战国）庄周《庄子·秋水》

【译文】 天底下的水面，再没有比大海的海面更加宽广的了，因为千万条河流都向大海奔流汇聚。

（五）

【原典】

万人操弓，共射其一招，招无不中。

——（战国）吕不韦《吕氏春秋·孟春纪》

【译文】 众多的人拿着弓箭，万箭齐发向着同一个目标射击，就一定会击中那个目标。

（六）

【原典】

天下之事，未尝不败于专而成于共。专则隘，隘则睽，睽则穷；共则博，博则通，通则成。

——（北宋）司马光《张共字大成序》

【译文】天下万事，没有一样不是失败于独断专擅；没有一样不是成功于共商共议、团结合作的。独断专擅，就会使言路褊私狭隘，言路褊私狭隘就会使人众叛亲离，众叛亲离就会陷入困窘；反之，同心协力就会汇聚众力、广开言路，言路开阔就会使治国之道上下畅通无阻，上下畅通就能获得成功。

（七）

【原典】

故君子修身治心，则与人共其道；兴事立业，则与人共其功；道隆功著，则与人共其名；志得欲从，则与人共其利。是以道无不明，功无不成，名无不荣，利无不长。

——（北宋）司马光《张共字大成序》

【译文】因此，君子讲求修养身心之道，也乐于和他人分享他们的体悟心得；君子建功立业之时，乐于和他人分享他们的功劳；君子悟道越高、功业越大时，乐于和他人分获美誉；君子志愿实现、意欲满足时，乐于和他人共享其利。这样的话，道义必将彰显，功业必将成就，名声必然显荣，利益必然长久。

房谋杜断

　　房玄龄与杜如晦都是初唐时期的名臣，是唐太宗李世民的得力助手，从打天下的时候起就一直追随李世民左右，并参与了"玄武门之变"的谋划，助李世民登上皇位。二人均位列"凌烟阁二十四功臣"。

西安《房谋杜断》群雕

　　李世民登基以后，两人分别担任"尚书左仆射"与"尚书右仆射"，统领百官、行宰相之职。那时，唐朝开国未久，许多规章法典，都是他们两人一同商量制定的，时人把二人并称为"房杜"。《旧唐书·房玄龄杜如晦传》中记载：唐太宗同房玄龄研究国事的时候，房玄龄总是能够提出精辟入理的意见和具体可行的办法，但是往往不善于作最终的决定。这时候，唐太宗就会把杜如晦请来。而杜如晦将问题略加分析，就立刻肯定了房玄龄的意见和办法，顺利地帮助唐太宗作出了最终的决断。房、杜二人，就这样一个善于出谋划策，一个善于最终决断，各具专长各有特色，同时又能通力合作、同心辅政，人们称赞他们"笙磬同音，惟房与杜"。而二人最终帮助唐太宗开创了"贞观之治"的初唐盛世，与敢于直谏的魏徵一道，留下了"房谋杜断魏直谏"的美谈。

【国学故事】

二人同心，其利断金

古时候越国有两位大臣甲父史和公石师，各有所长。甲父史善于计谋，但是处事很不果断；公石师处事果断，却缺少谋略。这两个人交情很好，所以他们经常取长补短、合谋共事，虽然是两个人，却总是一条心。只要他们在一起，无论去干什么，总能心想事成。可是有一天，两人在一点小事情上发生了冲突，吵完架后就互不理睬了。而当他们各行其是的时候，总是会出这样或那样的纰漏，屡屡失败，对国事非常不利。

有一个叫密须奋的人对此感到十分痛心。他对两人说："你们听说过海里的水母吗？它没有眼睛，靠虾来带路捕食，而虾则分享着水母的猎物，二者相互依存、缺一不可。西域还有一种双头鸟，这种鸟有两个头长在一个身子上，但是彼此妒忌、互不相容。两个鸟头饥饿起来就会相互啄咬，如果其中一个头睡着了，另一个就往它嘴里塞毒草。殊不知，如果睡梦中的鸟头咽下了毒草，两个鸟头就会一起死去，谁也不能从中得到好处。北方还有一种肩并肩长在一起的人，他们轮流吃喝、交替当值，死一个就全死，同样不可分离。你们两人与这种'比肩人'很相似，他们是通过身体，你们则是通过国事联系在一起的。既然你们合作谋事时可以心想事成，各自处事时又屡屡失败，为什么不重归于好、共同建功立业呢？”

甲父史和公石师听了密须奋的劝解，最终言归于好，一心合作，取得了许多了不起的成就。

【现实启悟】

打好团结合作牌

尺有所短，寸有所长。个人的力量终归是有限的，只有善于与他人合作，用他人的长处来弥补自己的短处，用自己的优势去补齐别人的不足，同心协力，才能取得更大的成绩。而如果因为个人私心去阻碍合作、破坏团结，最终只会损害共同的利益，对个人也没有任何好处。

中国古语说"一个篱笆三个桩，一个好汉三个帮""众人拾柴火焰高""三个臭皮匠赛过诸葛亮"，都是强调团结合作的重要性，团结才能合作、合作才能共赢。当前我国面临全面深化改革的复杂形势，需要统筹方方面面的工作、统筹各个层次的利益，也要求我们齐心协力、团结合作，方能共渡难关。而无论是在国际交往、民族工作、党的建设，还是在其他具体工作中，我们党和政府也都在大力提倡"打好团结合作这张牌"。

对于每个党员领导干部来说，打好团结合作牌，一方面要善于统筹，统筹大局、统筹资源、统筹一切力量；另一方面还要善于带队伍，认识到没有完美的个人，只有完美的团队，搞好班子建设、团队建设，这样才能平时"一条心"，出现问题时相互补台，才能做好各项工作，开创团结紧张严肃活泼的生动局面。

三、水善利万物而不争

（一）

【原典】

上善若水^①，水善利万物而不争，处众人之所恶^②，故几于道。居善地，心善渊，与善仁，言善信，政善治，事善能，动善时。夫唯不争，故无尤^③。

—— （春秋）老子《道德经》

【注释】 ①上善若水：上，最的意思。上善即为最善之意。在此，老子以水的形象来比喻"圣人"，因为圣人之德近于水，水之德近于道。

②处众人之所恶：意指安处于众人所厌恶之地。

③尤：怨咎、过失。

【译文】 至善的圣人就好似流水一样。水喜好滋润惠利万物而不向万物索取什么，又能处在众人都不喜欢的低洼之地，所以最接近于"道"。至善之人，应当选择卑微之地而立身处世，用心沉静、意存幽深，待人慈爱真诚、好施无私，言谈诚信不欺、恪守诺言，为政简单明了、条理分明，任事用人所长，举止合乎时宜。只要无欲不争，就不会有差错，也不会有怨咎。

（二）

【原典】

万物作而弗始，生而弗有，为而弗恃，功成而弗居。夫唯弗居，是以不去。

——（春秋）老子《道德经》

【译文】 大道孕育万物，却不以自己的意思有意设计造化；大道使万物运行生长，却不将施惠于万物的恩德据为己有；大道培育万物，却不倚仗；大道成就万物的功业，却也不矜夸自傲。正是因为不自居其功，玄远大德也就不会离去。

（三）

【原典】

江海所以能为百谷王者，以其善下之，故能为百谷王。是以圣人欲上民，必以言下之；欲先民，必以身后之。是以圣人处上而民不重①，处前而民不害，是以天下乐推而不厌。以其不争，故天下莫能与之争。

——（春秋）老子《道德经》

【注释】 ①重：指疲累，不堪重负。

【译文】 大江大海之所以能成为百川河流汇聚之地，是因为它们喜好处在最低洼的地方，所以才能成为百谷之王。因此，圣人要想位居于众人之上，一定会使自己的言谈谦卑低微、甘居人下；圣人要想位居于众人之前，一定会使自己的行为柔弱卑下、甘居人后。因此，有道的圣人虽然位居于众人之上，但众人并不会感到有所负担；圣人位居于众人之前，但众人并不会感到受到妨碍。因此，天下之人都愿意推崇拥戴圣人而不会感到厌恶。这是因为圣人无欲不与众人相争，所以天下就没有人能与他相争的了。

（四）

【原典】

君子成人之美，不成人之恶。小人反是。

——春秋《论语·颜渊》

【译文】君子总是从仁善的、利他的初衷出发，成全他人的美好意愿，而不会以冷眼看世，在他人有难时落井下石。小人却完全相反。

（五）

【原典】

子曰："君子矜①而不争，群而不党。"

——春秋《论语·卫灵公》

【注释】①矜：庄敬自守。

【译文】孔子说："君子庄重自持、守道为仁，但与他人无有所争。君子合聚有群，但与他人并不拉帮结派。"

（六）

【原典】

圣王布德施惠，非求其报于百姓也；郊望禘尝①，非求福于鬼神也。

——（西汉）刘安《淮南子·人间》

【注释】①郊望禘（tì）尝：郊，意指祭天。望，意指祭日月星辰、山川大地。禘、尝，意指祭宗庙、祖先。

【译文】圣王布施恩惠于天下百姓，并不强求从百姓那里得到回报；圣王祭天祭祖、祭日月星辰与山川大地，并不奢求从天地鬼神那里得到赐福。

（七）

【原典】

山致其高，而云起焉；水致其深，而蛟龙生焉；君子致其道，而福禄归焉。夫有阴德者，必有阳报；有阴行者，必有昭名。

——（西汉）刘安《淮南子·人间》

【译文】山达到一定的高度，就必然有云生于其间；河水深到一定的程度，就必然有蛟龙出现；君子修身而致力于对道的追求，也必然会有福气和好运降临于他。那些暗中积德之人，必会得到好报；那些暗中施惠之人，也必会得到好声望。

（八）

【原典】

君子贵人贱己，先人而后己。

——《礼记·坊记》

【译文】君子十分尊重他人，而把自己的位置看得很低很轻；做人处事每每先考虑他人，然后再考虑自己。

【国学常识】

《水经注》与郦道元的家国情怀

《水经注》是我国古代的地理名著，因注解《水经》而得名，共40卷，作者是北魏晚期的郦道元。《水经注》看似为《水经》之注,实则以《水经》为纲,详细记载了一千多条大小河流及相关的历史遗迹、风土人情、人物掌故、神话传说等,是中国古代最全面、最系统的综合性地理著作。此外,该书还记录了不少碑刻墨迹和渔歌民谣,文笔绚烂、语言清丽,具有较高的文学价值,保存了许多宝贵的文献资料。

郦道元是北魏地理学家、散文家,字善长,出身于官宦世家,他自幼好学,博览群书,并且爱好游览,足迹遍及河南、山东、山西、河北、安徽、江苏、内蒙古等地,每到一地,都留心勘察水流

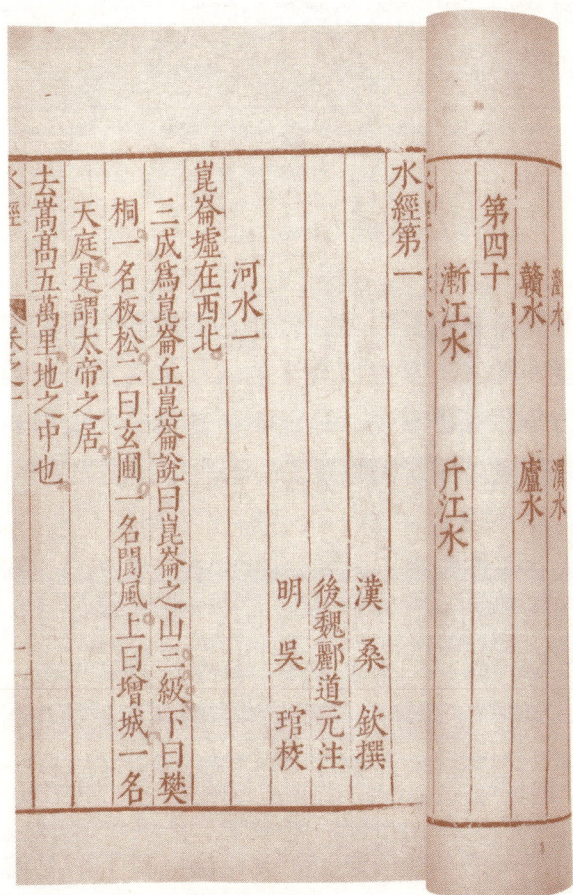

《水经注》书影 明印本

地势，探溯源头，并且阅读了大量地理著作，积累了丰富的地理知识。

他认识到地理现象是不断发展变化的，历代的更迭、城邑的兴衰、河道的变迁和山川名称的更易等都十分复杂，只有找到一些相对恒常不变的"纲"，才能更好地来描述经常变化中的地理情况。更重要的是，他身处的北魏正是中国历史上政局更迭分裂最为严重的时代之一，他着眼于《禹贡》所描绘的历史上曾出现过的广阔版图，向往着国家统一，于是利用河道水系为纲，以西汉王朝疆域作为撰写对象，打破当时人为的政治疆界的限制，终于著成这部饱含着深沉家国情怀的鸿篇巨制。

【国学故事】

将相和

战国的时候，秦国最强盛，因而常常欺侮别的国家。秦王收了赵王的和氏璧，却又不拿出所允诺的城池来交换。蔺相如奉命出使秦国，据理力争，有勇有谋，最终不辱使命、完璧归赵，所以封了上大夫；后来他又陪同赵王赴秦王的渑池会，使赵王免受秦王侮辱，被升为上卿。

赵国的大将军廉颇很不服气，说："我攻无不克，战无不胜，在战场上立下许多大功劳，才被封为上卿。蔺相如有什么能耐，就靠着一张嘴，反倒爬到我的头上去了。要是让我碰见他，非得让他下不了台！"这话传到了蔺相如的耳朵里，蔺相如就请病假不上朝，避免跟廉颇见面。

有一天，蔺相如坐车出门，远远地看见廉颇骑着高头大马过来了，就赶紧叫车夫把车往回赶，不要跟廉颇碰上。蔺相如手下的人看不下去了，说："廉颇是上卿，您也是上卿，而且地位比他还靠前。现在大家都在说，您见了廉颇，像老鼠见了猫似的，您何必要怕他呢？"蔺相如说："诸位请想一想，廉将军和秦王比，谁更厉害？"手下人说："当然是秦王厉害了！"蔺相如说："秦王我都不怕，会怕廉将军吗？大家都知道，秦王不敢攻打我们赵国，就因为武有廉颇，文有我蔺相如。我不避开廉将军，就很容易产生矛盾。而如果我们俩闹得不可开交，肯定会削弱赵国的力量，秦国必然乘机来攻打我们。我避着廉将军，全是为了赵国啊！"

蔺相如的话传到了廉颇的耳朵里，廉颇非常惭愧，觉得自己为了一时意气，就不顾国家的安危，实在不应该。于是，他脱下战袍，背上荆条，到蔺相如门上请罪。蔺相如见廉颇来了，连忙热情地迎接，与他握手言和。从此以后，两人成了好朋友，齐心协力保卫赵国。

蔺相如面对强大的秦王，能毫无畏惧，据理力争，是为了国家。面对廉颇的不敬，能谦退不争，也是为了国家。有时能做到"争"容易，能做到"不争"却很难，像蔺相如这样能处理好二者的关系，这才是大丈夫应有的风范。而廉颇知错之后，能"负荆请罪"，放下意气与面子，为国家而"不争"，所以二人才能留下"将相和"的千古美谈。

【现实启悟】

大事讲原则，小事讲风格

"水善利万物而不争"，甘于处下，然而也正是因为这种不争，"夫唯不争，故无尤"，才不会出现过失、怨尤；"夫唯不争，故天下莫能与之争"，不争反倒是真正的"争"。具体到我们的工作生活中，"争"与"不争"中其实也有大智慧。什么时候应当谦退居下？什么时候又应当挺立而上、据理力争？这些都是值得思考的问题。张之洞说自己"平生有三不争：一不与俗人争利，二不与文士争名，三不与无谓争闲气"。这是一说。还有一说是：小事不争、大事必争。何谓小事、何为大事？事关个人荣辱得失，总无"大事"；事关家国天下，必无"小事"。习近平指出："要坚持走和平发展道路，但决不能放弃我们的正当权益，决不能牺牲国家核心利益。任何外国不要指望我们会拿自己的核心利益做交易，不要指望我们会吞下损害我国主权、安全、发展利益的苦果。"事关原则性、事关核心利益、事关国家主权的事情都是大事，就一定要争，而且要一争到底、绝不退缩。而像我们耳熟能详的"六尺巷"的故事中，那种"千里修书只为墙"的"小事"之争，则大可发扬风格，"让他三尺又何妨"呢？

四、柔弱胜刚强

（一）

【原典】

天下莫柔弱于水，而攻坚强者莫之能胜，以其无以易之。弱之胜强，柔之胜刚，天下莫不知，莫能行。是以圣人云："受国之垢，是谓社稷主；受国不祥，是为天下王。"正言若反。

——（春秋）老子《道德经》

【译文】天下万物没有哪样比水更柔弱的了，然而用它来攻克坚强之物却最合适不过，无论用其他任何东西都无法代替水。水看似弱小而能战胜刚强之物，看似柔软却能战胜坚硬之物，天下的人没有不明白这个道理的，但却没有人真正依据这个道理来行事。所以，圣人说："能够承受国家的屈辱，这样的人才是一国之君；能够担当国家的危难和罪戾，这样的人才是天下之王。"这真像在正话反说呀！

（二）

【原典】

将欲歙①之，必固张之；将欲弱之，必固强之；将欲废之，必固兴之；将欲取之，必固与②之。是谓"微明"。柔弱胜刚强。

—— （春秋）老子《道德经》

【注释】 ①歙（xī）：收敛、缩合。

②与：同"予"，给予之意。

【译文】 天下之物，将要收敛它，必定先扩张它；将要削弱它，必定先加强它；将要废弃它，必定先接近它；将要夺取它，必定先给予它。这都是虽然看似微妙却又十分明显的道理。所以说，柔软弱小之物一定能战胜坚硬刚强之物。

（三）

【原典】

人之生也柔弱①，其死也坚强②；草木之生也柔脆，其死也枯槁。故坚强者死之徒③，柔弱者生之徒。是以兵强则灭，木强则折。强大处下，柔弱处上。

—— （春秋）老子《道德经》

【注释】 ①柔弱：指人活着的时候身体是柔软的。

②坚强：指人死之后身体变得僵硬挺直。

③徒：类的意思。

【译文】 人在活着的时候，身体是柔软的，而死亡之后身体就变得僵硬挺直。万物草木在生长之时枝干是柔软脆嫩的，在死亡之后就变得干硬枯槁了。所以说，坚强刚硬的东西属于死亡的这一类，柔嫩软弱的东西属于生长的一类。因此，用兵过于逞强就会遭到灭亡，树木粗壮高大就会遭到砍伐摧折。凡是强大有力的总是处于低下之位，凡是柔弱虚静的反而居于高上之位。

（四）

【原典】

人一能之，己百之；人十能之，己千之。果能此道矣，虽愚必明，虽柔必强。

——《礼记·中庸》

【译文】 别人一遍就能学会的，我要花上百遍的功夫将它学会；别人十次就能掌握的，我要花上千次的功夫将它掌握。果真能按此道而行，那么愚昧的人也一定能变得明智，柔弱的人也一定能变得强大。

（五）

【原典】

善将者，其刚不可折，其柔不可卷，故以弱制强，以柔制刚。

——（三国蜀）诸葛亮《将苑》

【译文】 善于带兵的将领，刚不过度不至于折损，柔不过度不至于软弱，所以往往能以弱胜强、以柔克刚。

（六）

【原典】

咬定青山不放松，立根原在破岩中。千磨万击还坚劲，任尔东西南北风。

——（清）郑燮《竹石》

【译文】 竹子抓住青山一点儿也不肯放松，它的根系就那么牢牢地紧扎在岩石的石缝之中。无论酷暑的东南风，还是严冬的西北风，即使历经成千上万次风吹雨打的考验，它都能扛得住，依然坚韧挺拔。

【国学常识】

"岁寒三友"与"花中四君子"

"岁寒三友"指松、竹、梅三种植物，因它们在寒冬时节仍可保持顽强的生命力而得名，取松丑而文、竹瘦而寿、梅寒而秀，是三益友之意。同时，松常青不老、竹挺立有节、梅凌寒独开，也成为中国传统文化中高尚人格的象征。后来松竹梅合成的岁寒三友图案也是中国古代器物、衣物和建筑上常用的装饰题材，并逐渐演变成为雅俗共赏的吉祥图案，流传至今。

"花中四君子"，是指梅、兰、竹、菊。兰，一则花朵色淡香清，二则多生于幽僻之处，故常被视作是谦谦君

春山瑞松图　宋　米芾

子的象征。菊，不仅清丽淡雅、芳香袭人，还盛开于百花凋零后，不与群芳争艳，故历来被用来象征恬然自处、傲然不屈的高尚品格。竹，经冬不凋且自成美景，它刚直、谦逊，不亢不卑，潇洒处世，常被看作不同流俗的高雅之士的象征。梅，凌寒而开，美丽绝俗，而且具有傲霜斗雪的特征，是坚韧不拔、不畏强权人格的象征。

"岁寒三友"与"花中四君子"，是中国古人"感物喻志"传统的具体体现，它们也成为咏物诗和文人画中最常见的题材，被历代文人雅士描摹吟颂。

【国学故事】

张良拾鞋

张良，字子房，是刘邦最杰出的谋士、大臣之一，与韩信、萧何并称"汉初三杰"。他原姓姬，是战国时期韩国的贵族，祖父、父亲都曾做过韩国的宰相。秦国灭韩，张良因此与秦结下深仇大恨，一直努力想要推翻秦朝的统治。

《史记·留侯世家》中讲了一个故事，说是张良行刺秦始皇没有成功，反而被通缉，只能隐姓埋名，逃到下邳躲藏。张良在下邳整天读书学习，有时候也出去到民间体察世情，了解老百姓的生活状况。

有一天，张良外出经过一座小桥，站在桥上看风景。这时有一位白发苍苍、穿着粗布衣服的老人，慢慢走上桥来，当他经过张良面前的时候，有意无意地将鞋掉在了桥下，然后对张良说："小子，下去把我的鞋捡上来。"张良很纳闷，心想我与这人素不相识，他怎么能用这种语气命令我？也太不讲道理了吧！本准备不予理睬，但是转念一想，老人的年纪这么大了，没鞋没法走路，况且桥也不高，下去也不是什么难事，暂且不管他的态度如何，帮他把鞋拾上来便是了。于是，他便忍气吞声地到桥下捡鞋。

　　鞋捡上来了，没想到老人又冲着张良伸出脚，说："把鞋给我穿上！"张良此时对老人这种无礼的态度已经习惯了，心想，鞋都已经帮他捡上来了，就好人做到底吧。于是，他半跪着给老人穿上鞋。老人穿上鞋，站起身来大笑而去。张良目送老人离去，心里仍然十分奇怪。

　　老人走了一段路又返回来对张良说："孺子可教！五天后天亮时在此地等我。"张良此时明白，老者必定是个奇人，于是恭恭敬敬地答应下来。

　　五天后的一大早，张良如约前往。等他到桥边时，发现老人已经等在那里了。老人生气地说："跟长者有约，怎么能迟到呢？五天后你再来吧。"又过了五天，公鸡刚啼叫，张良就赶紧穿衣出发了，等到桥头一看，老人还是先到了。老人对张良说："你又迟到了，五天后再来吧。"五天后，张良半夜里就起身到桥头等候。不久，老人也来了，见张良已经到了，高兴地说："年轻人就该这样。"随即拿出一本书，说："认真研读这本书十年，你就可以做君王的老师了。十三年后，你到济北见我，谷城山下的黄石就是我了。"说完老人就离开了。

　　老人送的这本书，就是《太公兵法》，相传是姜子牙帮助周武王伐纣后所写的兵书。张良后来认真研读，果然成为刘邦的第一谋士，辅佐刘邦建立了汉朝。

　　老人三番五次试探张良，而张良有恒心、有耐心，最终通过了考验。试想，如果张良没有以柔顺的态度对待老人，而是态度强横、以硬碰硬，不捡鞋、不帮老人穿鞋，或是不能接受老人的批评、一次次早起，就不可能被传授兵书。而他若不能数十年苦读兵书，就不可能掌握那么多的谋略，世间可能就会少一个"谋圣"张子房了。

【现实启悟】

不畏浮云遮望眼

"坚硬如石，柔情似水——可见石之顽固，水之轻飘。但滴水终究可以穿石，水终究赢得了胜利。"这是习近平在《摆脱贫困·滴水穿石的启示》中的一段话，他认为这是一种前仆后继、勇于牺牲的人格和一种以柔克刚、以弱制强的辩证法的体现：一滴水滴在石头上，石头一点损伤也没有，水却"牺牲"了；但是千百万滴水滴上去，石头也被打穿了。由此可见，我们每个人的努力、奉献、牺牲，可能不会很快有成效，但是千百万人持续不断地努力，国家可能就会有新的气象。为什么有一些人为了事业，能"历百折而仍向东"？能"虽九死而犹未悔"？而另一些人，则被各种艰难困苦、利益诱惑所牵绊，"倒"在了前行的途中？究其原因关键有二：一是信念，另一是坚韧。当游泳的人看不见岸边的时候，往往容易放弃；当一时的努力短期内没有成效时，人就容易迷失。而信念坚定之人，方能放眼长远，不为困难所扰、不为矛盾所惑、不为利益所诱；坚忍不拔之人，才能持之以恒、以柔克刚、至死不渝。

正如习近平在 2015 年新年贺词中所说："我们正在从事的事业是伟大的，坚忍不拔才能胜利，半途而废必将一事无成。"唯有信念坚定、不断向前，方能不被暂时的"浮云"遮蔽双眼，方能"拨云见日"、取得成功。

五、先天下之忧而忧

（一）

【原典】

穷则独善其身，达则兼善天下。

——（战国）孟轲《孟子·尽心上》

【译文】一个人不得志的时候，就要好自修养身心；一个人得志的时候，就要努力行仁施惠于天下百姓。

（二）

【原典】

人固有一死，或重于泰山，或轻于鸿毛，用之所趋异也。

——（西汉）司马迁《报任安书》

【译文】人终究免不了一死，有些人的死，其意义比泰山还重，有些人的死，却比鸿毛还要轻，这是因为他们对生命的追求大不相同啊！

（三）

【原典】

安得广厦千万间，大庇天下寒士俱欢颜。

—— （唐）杜甫《茅屋为秋风所破歌》

【译文】 如何才能拥有千万间宽敞高大的房屋，让天底下那些贫寒学人不再受寒受冻、欢欣愉悦，即使遇上大风大雨也不必担惊受怕。

（四）

【原典】

先天下之忧而忧，后天下之乐而乐。

—— （北宋）范仲淹《岳阳楼记》

【译文】 士子应当在天下人忧愁之前，替国家的前途命运担忧分愁；应当在天下人安居乐业、收获喜乐之后，再享受太平盛世的愉悦。

（五）

【原典】

为天地立心，为生民立命，为往圣继绝学，为万世开太平。

—— （北宋）张载《横渠语录》

【译文】 为天下建立一套以"仁""义"等道德伦理为核心的精神价值体系，为百姓选择明晰方向、寻找安身立命之所在，继承古代圣人的学养人格和精神风范，为千秋万代开创太平盛世之基业。

（六）

【原典】

但愿苍生俱饱暖，不辞辛苦出山林。

——（明）于谦《咏煤炭》

【译文】 为了天下百姓都能饥有所食、寒有所暖，我愿为国为民出山济世，竭尽心力。

（七）

【原典】

三生不改冰霜操，万死常留社稷身。

——（明）海瑞《谒先师顾洞阳公祠》

【译文】 我永远也不会改变自己廉洁清白的操守，即使让我死上一万次，我也要捍卫国家利益，为国忧劳终生。

【国学常识】

张载与"横渠四句"

张载，字子厚，北宋大儒，是理学支脉"关学"的创始人，世称横渠先生，后被尊称为张子，封先贤、奉祀孔庙西庑第38位。

张载提出了以"气"为本的一元论哲学，从天道谈起，由对《易传》的解释开始，论述宇宙的本体是"气"，气的本初状态是"太极"，而"气"由于具有阴、阳这两种彼此对立的属性，因此永远处于运动状态。气聚则化生万物，气散则归于太极。由此，张载得出"万物本是同一"的结论。他在《正蒙·干称》中把天地、宇宙视为一个大家庭，提出"民吾同胞，物吾与也"，即"民胞物与"

的思想，认为人应该亲近同类和万物。他的学术思想在中国思想史上占有重要地位，对其后的学者产生了较大的影响。

"横渠四句"指的是张载的另一句名言，出自张载《横渠语录》，原文是："为天地立心，为生民立命，为往圣继绝学，为万世开太平。"这四句话因为蕴含着大胸襟、大气度、大境界，广为流传，也被后代哲人称为"横渠四句"。

【国学故事】

范仲淹心忧天下

范仲淹，字希文，是北宋时期著名的思想家、政治家、军事家、文学家。

在范仲淹两岁的时候，他的父亲就过世了，生活贫困，没有依靠。但是他从小就有远大的志向，常常以治理国家大事为己任，并因而发愤苦读。有时读到很晚，感到昏沉疲倦，他就用凉水洗脸来振奋精神；有时连一顿像样的饭也吃不上，他就每天做一大锅粥，放一晚上，等它凝固后，用刀切成四块，早晚各拿两块，拌着一些腌菜吃。即使在这样艰苦的条件下，他仍然心系天下、读书不辍。

据说范仲淹小时候，有一次遇到一个会算命的道士。别人都是问财运、问姻缘、问前程，范仲淹却张口就问道："您算算我以后能不能当宰相？"道士以为他好高骛远，就提醒他说："你小小年纪，应当脚踏实地，张嘴就问能不能当宰相，口气是不是有些太大了？"范仲淹有点不好意思地说："那您再算算看，我以后能不能做医生？"算命的道士很奇怪，心想这两个愿望差得也太远了，就反问范仲淹是怎么想的。范仲淹回答说："良相可以济世，良医可以救人，这两种事业都关乎天下苍生啊！"算命道士听了，感叹道："你能有这样一颗为国为民的心，以后肯定能成为一个好宰相啊！"

范仲淹苦读诗书，通晓六经，后来果然入朝做官，做到了参知

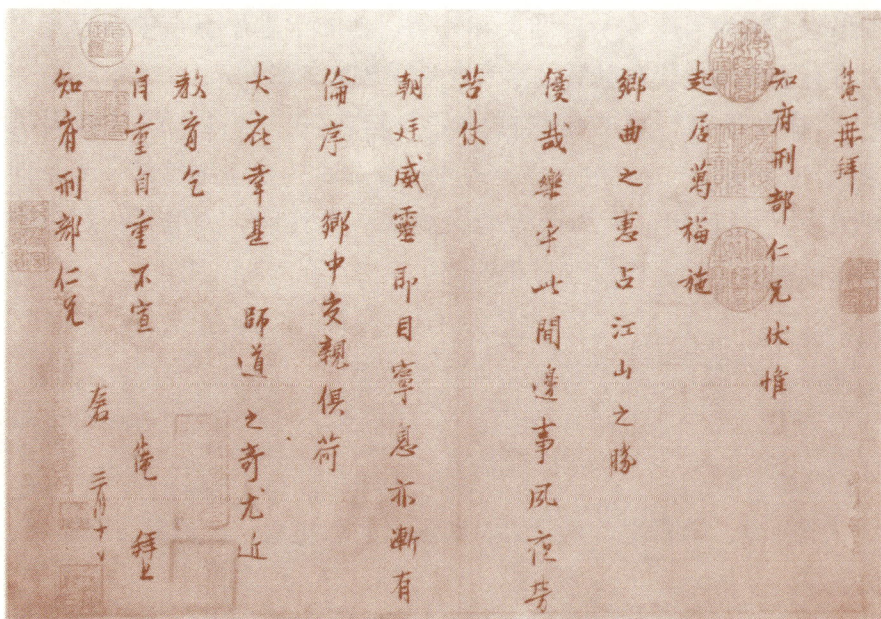

范仲淹书法——《边事帖》

政事，成为一代名相。他做官以后，仍然常常激动地谈论天下大事，不顾自身的安危。即使做了宰相，日常饮食也不多吃肉，妻子和孩子的衣服、食物也不过分，仅仅够用罢了，以此不断磨炼自己。他还一直提醒自己"先天下之忧而忧，后天下之乐而乐"，留下了千古名句被后人传颂。

【现实启悟】

"担当起该担当的责任"

心忧天下、敢于担当，是范仲淹一生的写照，也正是这种为国为民的担当意识，成就了他出将入相的光辉政绩。我们应当像范仲淹一样，树立胸怀天下的远大志向，敢于承担各种艰难困苦的工作，这样无论在什么岗位上，"不为良相、便为良医"，一定都能干出一番事业，成为对国家、社会有用的人才。

习近平在接受俄罗斯电视台专访谈执政理念时表示："我的执政理念，概括起来说就是：为人民服务，担当起该担当的责任。"责任是信念之基，担当是力量之源。一个敢于担当的干部，才能赢得组织的重托和群众的依赖；一个敢于担当的政党，才能赢得人民的拥护和支持，才能委以社稷大业。

担当大小，体现着干部的胸怀、勇气、格局，有多大担当才能干多大事业。习近平在党的群众路线教育实践活动总结大会上的重要讲话中强调："我们做人一世，为官一任，要有肝胆，要有担当精神，应该对'为官不为'感到羞耻，应该予以严肃批评。"

心忧天下、敢于担当一直是中华优秀儿女的重要精神品格，他们怀抱"天下兴亡、匹夫有责"的崇高信念，秉承"士不可以不弘毅"的昂扬斗志，立志"为天地立心、为生民立命"，为国家、民族和社会作出了巨大贡献。他们敢于担当背后的勇气、良知和才干，也赢得了无数人的赞叹。

第五篇 人道有为

　　"人"作为"三才"之一，其道"法地""法天"，也可与天地"相感"。但是其最核心的特质却是"有为"。老子以"无为"作为"天道"之特征，以"有为"作为"人道"的标志。《庄子·在宥》中也说："何谓道？有天道，有人道。无为而尊者，天道也；有为而累者，人道也。""有为"确立了人的主体性、能动性、独特性、尊贵性，"有为"确立了人之为"人"，从而在天地间"立人极"："人"不再只能"听天由命"、不再只是"沧海一粟"，而是能够"为仁由己""知其不可而为之"，甚至"制天命而用之"，但"有为"同时也带来有"所累"，生命成为"不能承受之轻"。

　　如果说道家追求的是"天道"，那么儒家追求的便是"人道"。儒家将"有为"推向了一个新的高度。孔子虽然也讲"畏天知命"，但是从来没有"认命"。"知命"在某种程度上说也是一种"有为"，是他认知自己的一种特殊方式，是一种积极对待命运的态度，是一种清醒的理性自觉。

　　儒家的"有为"是一种理想主义的，甚至带有悲剧色彩的"为"，如同不停"滚石上山"的西西弗斯。但是也正是因为这种"有为"，天地间才有了一线"光芒"，社会才能发展、文明才能进步；正是因为这种"有为"，乌云才难以蔽日，百姓才能看见"青天"。

一、切勿怨天尤人

（一）

【原典】

与人不求备，检身若不及。

——春秋《尚书·伊训》

【译文】 对别人不要求全责备，对自己则要时时事事反省检查，唯恐做得还很不够。

（二）

【原典】

民讫①自若是多盘②，责人斯无难，惟受责俾如流，是惟艰哉！

——春秋《尚书·秦誓》

【注释】 ①讫：毕竟，终究。

②多盘：多安于、都乐于。这里指人们自以为是，掉以轻心。

【译文】 人们总是自以为是、一意孤行，因而此时往往大意糊涂。犯了错误时，责备起别人来并没有什么困难，但若能心甘情愿地接受他人的劝谏，从善如流，那可就太不容易了！

（三）

【原典】

人不知而不愠，不亦君子乎？

——春秋《论语·学而》

【译文】他人不理解我，我却没有不高兴，不也是君子吗？

（四）

【原典】

上不怨天，下不尤人。故君子居易以俟命，小人行险以侥幸。子曰："射有似乎君子，失诸正鹄，反求诸其身。"

——《礼记·中庸》

【译文】遇到困难与失败时，切勿将苦闷和愤恨归咎于上天，也不要将过失和错误归咎于他人。所以，君子应当安分守己以等待天命，小人却铤而走险妄图获取非分之物。孔子说："君子立身处世就像练习射箭一样，当没射中目标时，就要回过头来从自己身上寻找原因。"

（五）

【原典】

正己而不求于人，则无怨。

——《礼记·中庸》

【译文】端正自己而不苛求别人，这样就不会心生抱怨了。

（六）

【原典】

呜呼！盛衰之理，虽曰天命，岂非人事哉？原①庄宗之所以得天下，与其所以失之者，可以知之矣。

—— （北宋）欧阳修《伶官传序》

【注释】①原：推究根本。

【译文】唉！谈到一个国家兴盛与衰败的规律，有人说是天命所为，难道不是由于人为的原因吗？只要推究庄宗如何得天下、如何失天下的前因后果，就可以明白了啊。

（七）

【原典】

善恶随人作，祸福自己招。

——明《增广贤文》

【译文】好事和坏事都是每个人自己做的，灾祸和福乐也全是由自己的一言一行招来的。

【国学常识】

三才

"三才"，是中国古代对天、地、人的合称。《道德经》中说："道生一，一生二，二生三，三生万物"，就是一种对于"三才"的表述。《周易·说卦传》中提出，"是以立天之道，曰阴与阳；立地之道，曰柔与刚；立人之道，曰仁与义；兼三才而两之，故易六画而成卦"，则正式将天、地、人并立为"三才"，并将它们再根据其本身的特性两分为阴阳、刚柔、仁义两种变化，最终以阳爻、阴爻相配合组成卦象，来象征自然现象和人事变化。

《易经》中最明确、最系统地提出了"三才"之道的伟大思想，但其实"三才"思想的源流更为久远。盘古开天辟地的创世神话，其实表现的就是天、地、人三分的思想；而像共工怒撞不周山，天柱折、地维绝、天倾西北、地陷东南，自此天道左行、地道右迁、人道尚中，这是三才思想的升华，也是后世"中道"思想的发端。但是这还只是停留在天、地、人各行其"道"的水平之上。后来到了《易经》的时代，人们终于认识到，人可以向天、地学习，"法天、法地"，而人道也可以与天道、地道"会通"，通过法天正己、尊时守位、知常明变，来开物成务、建功立业、改变"命运"，"三才"说才正式成型，并最终贯穿于中华民族的日用人伦之中，牢固地培育了中华民族与天地合一、与自然和谐的精神。

后来，"三才"思想也延伸到中医药里，"百会""涌泉""璇玑"三大穴位，以及"天冬""地黄""人参"三味中药也被称为"三才"。

【国学故事】

楚霸王乌江自刎

楚汉相争末期，项羽被刘邦的军队层层包围在垓下。夜晚，韩信让汉军士兵们一起唱楚地的歌谣，项羽听了误以为楚地已经被汉军占领了，楚军士兵也都思乡心切纷纷溃逃。最后项羽只好带领部下八百壮士突围，汉将灌婴率领五千骑兵在后面追击他。等到渡过淮河，八百壮士只剩下一百多人了。项羽走到阴陵时，又迷路了，陷入了一片低洼地带，很快被汉军追上了。他只好又率兵向东城走，到了东城的时候，只剩下28个骑兵了，而追击的汉军有几千人。

项羽估计自己这回不能逃脱了，就对手下说："我从起兵到现在已经八年多了，身经七十余战，从来没有败过，所以才称霸天下，但是今天却被困在这里。这是上天要我灭亡，而不是因为我用兵不当啊。我今天要决一死战，为各位突出重围，斩杀汉将，砍倒帅旗，让各位知道这是上天要亡我，而不是我用兵的错误。"于是他就把剩余的骑兵分为四队，朝着四个方向一起向下冲击，并约定在山的东面分三处集合。项羽自己大声呼喝着向下直冲，打得汉军都溃败逃散，并真的斩杀了汉军一员大将。项羽同他的骑兵顺利地在约定的三处会合，汉军不知道项羽在哪一处，便把军队分成三部分，重新包围上来，项羽就再次冲出来，又斩了汉军的一个都尉，杀死百余兵士。

连环画《乌江恨》　福建人民出版社

项羽一行突出重围跑到乌江边上，乌江的亭长正在岸边等待。他对项羽说："江东虽小，但也还有方圆千里的土地和几十万的民众，也足够称王的了，请大王速速过江。现在只有我这一只船，汉军即使追来，也没有船只可渡江。"项羽答道："上天要亡我，我还渡江干什么？想当初我带领江东的八千子弟起兵打天下，如今就剩我自己一人，即使江东父老怜爱我愿意拥立我为王，我又有什么脸面见他们呢？"于是他最终自刎身亡。

【现实启悟】

不怨天尤人，不急于求成

我们从历史记载中也可得知，项羽的失败一方面是因为他狂妄自大、逞匹夫之勇，另一方面便是由于他不会识人用人、不善于听从别人的意见，导致几次将刘邦放走、错失战机。如果他能够正视自己的问题，痛定思痛，而不是推脱责任、怨天尤人，即使一人过江，也许亦能"卷土重来未可知"呢？

任何事情的发展都有其因果、规律以及制约条件，不认清这一点就会出现很多问题。认不清因果，就会一味把所有责任都归咎于外界；认不清规律就会追求"一蹴而就"，就会急于求成；认不清制约条件，就会"好高骛远"，犯"冒进主义"的错误。反过来看，把责任归之于外，就看不到自己的问题；急于求成，一旦出现问题，就很容易认为无力回天，或是"病急乱投医"；冒进骛远，就会走极端，认为成功不了，干脆就不做了，出现"厌战"情绪。事实上，如何在有限条件下干出一流的工作，这才是对我们每位党员领导干部的最大考验。

二、常思为仁由己

（一）

【原典】

惟圣罔念作狂，惟狂克念作圣。

——春秋《尚书·多方》

【译文】圣人如果无念于善、无念于仁，就会变成狂人；狂人如果能有念于善、有念于仁，就会变成圣人。

（二）

【原典】

颜渊问仁。子曰："克己复礼为仁。一日克己复礼，天下归仁焉。为仁由己，而由人乎哉?"

——春秋《论语·颜渊》

【译文】孔子的弟子颜渊请教孔子什么是仁。孔子说："努力约束自己，践行礼的要求，就能达到仁的境界。只要有一天能真正做到这一点，那么天下尽归入我心之仁了。为仁行仁完全要靠自己努力，哪里需要依靠别人呢?"

（三）

【原典】

曾子曰："吾日三省吾身：为人谋而不忠乎？与朋友交而不信乎？传不习乎？"

——春秋《论语·学而》

【译文】 孔子的弟子曾子说："我每天要多次反省自己：为人谋事，做到忠心不二了吗？与朋友相交，做到诚实守信了吗？老师所传授的东西，认真温习了吗？"

（四）

【原典】

君子去仁，恶乎成名？君子无终食之间违仁，造次①必于是，颠沛②必于是。

——春秋《论语·里仁》

【注释】 ①造次：匆促急遽。
②颠沛：颠仆困顿。

【译文】 君子如果违背了仁，又怎能被称作君子呢？在短短一顿饭的工夫里，君子要为仁；在匆促急遽之时，君子也要为仁；即使流离困顿之时，君子同样要坚持行仁。

（五）

【原典】

自天子以至于庶人，壹是皆以修身为本。其本乱而末治者，否矣。其所厚者薄而其所薄者厚，未之有也！

——《礼记·大学》

【译文】上至一国君王，下至平民百姓，人人都要以修养德性为根本。如果这个根本动摇了，那么想要治理好一个家庭、一个家族、一个国家是不可能的。正如做事不分轻重缓急、本末倒置，那么想要办好事情同样也是不可能的！

（六）

【原典】

舍己而教人者逆，正己而化人者顺。逆者乱之招，顺者治之要。

——（秦末汉初）黄石公《三略·下略》

【译文】凡事只一味地教育别人却不以身作则，这有违常理、会使人反感抗拒；凡事先端正自己再教化别人，才能合乎常理、让人心悦诚服。有违常理是引起祸乱的根本原因，而合乎常理才是天下安定的关键。

（七）

【原典】

古之君子，以其所难者，先身而后民；以其所利者，先民而后身。

——（南宋）杨万里《见执政书》

【译文】古代的君子，面对需要攻克的困难险阻时，首先自己身先士卒，以行动号召百姓；面对惠泽万众的利益时，则以百姓为先、自己为后。

【国学常识】

五伦与五常

五伦，指的是孟子所总结的人与人之间的几种基本的道德关系。

即所谓君臣、父子、兄弟、夫妇、朋友这五种人伦关系，以及与之相对应的忠、孝、悌、忍、信这五种处理关系时的行为准则。《孟子·滕文公上》中说："使契为司徒，教以人伦：父子有亲，君臣有义，夫妇有别，长幼有序，朋友有信。"孟子认为，父子之间有骨肉之亲，君臣之间有礼义之道，夫妻之间挚爱而又内外有别，老少之间有尊卑之序，朋友相交有诚信的要求，因而"人伦"中的双方都要遵守一定的"规矩"：为臣的，要忠于职守，为君的，要以礼给臣下相应的待遇；为父的，要慈祥，为子的，要孝顺；为夫妻的，要分工合作，同时应当相互忍让；为兄的，要照顾兄弟，为弟的，要敬重兄长；为朋友的，要讲信义。

五常，则是指董仲舒按照其大道"贵阳而贱阴"的阳尊阴卑理论，由孟子的五伦发挥而来的"仁、义、礼、智、信"这五种处理君臣、父子、夫妻之间上下尊卑关系的基本法则，后称"五常"。

位于山东省德州市经济开发区的董子园风光。董子园是为纪念董仲舒而建设的

《三字经》中说，"曰仁义，礼智信，此五常，不容紊"。"五常"贯穿于中华传统伦理的发展，成为中国传统价值体系中最核心的要素。

【国学故事】

何处不可行教化

传说舜在位的时候，历山的农夫经常相互侵占别人的田地，频频引起争端，于是舜就亲自到历山脚下去耕种，过了一年，这类侵占田地的事情就再也没有发生了。后来，黄河边上的渔夫又在互相争夺水草丰美、鱼儿聚集的河段，于是舜就亲自到黄河边上去打鱼，过了一年，那里的渔夫都学会将好的河段尊让给年长的人。再后来，东夷一带制陶器的人常常造出一些劣质品，于是舜便亲自到东夷去制陶，过了一年，那里出产的陶器都变得非常坚实。

商朝末年，虞、芮两国的国君为了田野的边界发生了争执，他们一起到周文王那里去评理。两位国君来到文王的辖境，看到的是"入其境，则耕者让畔，行者让路"，"入其邑，男女异路，斑白不提挈"，"入其朝，士让为大夫，大夫让为卿"。看到这种景象，两相对比，两位国君内心羞愧，说道："像我们这样的，有什么脸面去让人家给评理呢？"于是，还没有见到文王本人，他们就都主动把原先所争之地让给对方，结果双方都推让不肯接受，这块土地最终便被闲置起来，后人称之为"闲原"。其他诸侯得知此事，都将文王视为典范，并纷纷前来归附。

舜与文王这两位圣人，都没有做任何刻意的举动而使人发生了巨大的变化，那是因为他们能够一丝不苟地恪行仁道，能够谨慎真诚地修养节制自己，最终感化了别人。如果人人都能像他们一样，从自己做起，从耕种、打鱼、制陶这样一件件力所能及的身边的事情做起，又何愁不能"移风易俗"？又有何处不可"行教化"呢？

走在前列，作出表率

我们常说"为仁由己"，实行仁德，完全在于自己。这是孔子的基本要求，但同时也是其"最高理想"。因为若是人人都能"由己为仁"，便是"人人为仁"，而且也可彼此之间相互带动着"为仁"。所以"为仁由己"强调的其实是要以身作则、从我做起。习近平在会见全国优秀县委书记时指出："要做班子的带头人，带头讲党性、重品行、作表率，带头搞好'三严三实'专题教育，带头抓班子带队伍，带头依法办事，带头廉洁自律，带头接受党和人民监督，带头清清白白做人、干干净净做事、堂堂正正做官，真正做到率先垂范、以上率下。"习近平在这里连说了八个"带头"，体现了他对党员领导干部"走在前、做表率"的重视，也是他的殷切期望和切实要求。有一种引领叫以身作则，有一种号召叫示范打样，有一种力量叫率先垂范。榜样的力量是无穷的，只有党员领导干部，特别是一把手，自己做到认识高一层、学习深一步、实践先一着、剖析解决突出问题好一筹；从自己做起，要求别人做到的自己先要做到；从自己改起，要求别人不做的自己坚决不做，才能带动一般干部、带动所有同志一起行动起来，最终才能革除沉疴，扭转积弊，共创辉煌。

三、天人感应

（一）

【原典】

民之所欲，天必从之。

——春秋《尚书·泰誓》

【译文】百姓所希望求得的，上天必定会顺从成全。

（二）

【原典】

观天之道，执天之行，尽矣。故天有五贼①，见之者昌。

——《阴符经》

【注释】①五贼：一说指金、木、水、火、土"五行"；一说指命、物、时、功、神五种可能会对人产生戕害的状态。

【译文】观察审知上天的规律，按照上天的规律来为人处世，就足够了。天有五种运行要素，能看到它们的人就会兴旺发达。

（三）

【原典】

夫至信之人，可以感物也。动天地，感鬼神，横六合，而无逆者。

——（战国）列御寇《列子·黄帝篇》

【译文】至诚至信之人，可以感动万物。这样的人可以感动天地，可以感动鬼神，自由地驰骋于天地间，没有人会反对违抗他。

（四）

【原典】

顺天意者，义政也；反天意者，力政也。

——（战国）墨翟《墨子·天志上》

【译文】顺从天意的统治，就是行仁行义的统治；违反天意的统治，就是暴力独裁的专制。

（五）

【原典】

灾者，天之谴也；异者，天之威也。

——（西汉）董仲舒《春秋繁露》

【译文】人世间若发生了灾害祸患，这是上天谴责惩罚世人；人世间若发生了异兆邪说，这是上天在警告世人必须顺从天道。

（六）

【原典】

天人相感，阴阳相和。

—— （唐）陈子昂《谏政理书》

【译文】上天与人相互感应，阴和阳交互相和。

（七）

【原典】

有日月朝暮悬，有鬼神掌著生死权，天地也，只合把清浊分辨，可怎生糊突了盗跖①、颜渊②？

—— （元）关汉卿《窦娥冤》

【注释】①盗跖：春秋时鲁国人，展氏，名跖，传说中的大盗，人称盗跖。
②颜渊：孔子弟子中最贤惠的一个，人们常用他比喻善良。

【译文】有太阳、月亮白天黑夜高挂天上，有鬼神掌管着人的生死大权，天地呀！只应该把清白和污浊仔细分辨，怎么能混淆坏人与好人呢？

（八）

【原典】

修之则吉，不修则凶，吉则致福焉，不吉则致极焉。征之于天，吉则休征之所应也，不吉则咎征之所应也。天地之气，无感不应，天地之气应，亦无物不感。

—— （明）宋濂等《元史·志第三上》

【译文】人修养德性会得吉祥，不修养德行就会招致凶险，得吉祥则福泽来归，致凶险则会祸患降临。从上天考察，吉是好征兆，不吉就是坏征兆。天地之间的气是会相互感应的，天下没有什么是不能感应到的。

【国学常识】

董仲舒与"独尊儒术"

以孔子为代表的儒家，其学说作为中国古代统治阶级的官方学说，在长达近两千年的时间里一直占据着理论界的统治地位。然而帮助儒家学说登上"独尊"高位的，并不是孔夫子本人，而是汉代大儒董仲舒。

董仲舒是汉武帝时人，青年时以"三年不窥园"的苦读精神，研究春秋公羊学，成为一代大儒，号称当时"群儒之首"。公元前140年，雄心勃勃的汉武帝刘彻即位，放弃汉初"文景之治"所奉行的黄老哲学，变无为政治为有为政治。为了网罗天下英才，汉武帝下诏在全国范围内选拔"贤良文学之士"，集中到京城由皇帝亲自策问。董仲舒就在这个背景下应诏对策。汉武帝向他连问三策，董仲舒一一作答，他们所谈的核心问题是天人关系，所以史称"天人三策"。董仲舒在先辈儒学的基础上，结合汉武帝时代国家在政治上、思想上实现"大一统"的客观需要，建立了汉代"新儒学"，同时建议汉武帝"罢黜百家，表彰六艺"。他在《举贤良对策三》中说："《春秋》大一统者，天地之常经，古今之通谊也。今师异道，人异论，百家殊方，指意不同。是以上无以持一统，法制数变，下不知所守。臣愚以为不在六艺之科、孔子之术者，皆绝其道，勿使并进。邪辟之说灭息，然后统纪可一，而法度可明，民知所从矣。"这便是后世学者所谓的"罢黜百家，独尊儒术"。

董永孝感天地

　　传说汉朝的时候，有一户贫苦人家，只有父子俩相依为命，儿子名叫董永。董家父子靠租种地主家两亩薄田生活，二人早出晚归，十分辛苦，却还是常常食不果腹。这一年天下大旱，田里颗粒无收，董老汉一急之下病倒了。董永是个孝子，他想方设法给父亲四处求医问药，可还是没能救回父亲的性命。董永心中悲痛万分，又愁于身无分文，没法给父亲买棺木、办丧事。他想来想去，最后只好卖身葬父，签订卖身契到一个员外家做长工。

董永卖身葬父　清　王素

　　拿着卖身得来的钱，董永终于埋葬了父亲，守孝三日之后便出发到员外家上工。走到一棵老槐树下的土地庙旁边，坐下来准备歇歇脚。这时一个衣着朴素、容貌美丽的姑娘走到他的身旁。

姑娘问道："我看大哥面带愁容，不知有何难事？"

董永回答："我无钱葬父，只好卖身给员外家，要去做三年的苦工，无法守孝，所以难过。"

姑娘说："我也是被继母逼出家门，无家可归。同是天涯沦落人，不知大哥可肯收留，共结百年之好？就请这老槐树做媒，请土地爷主婚，你看如何？"

"老槐树如何能做媒？土地爷如何能主婚？"董永不解地问。

"你可去问他们三声，若是他们回应，便是同意了。"

董永于是上前问老槐树和土地爷，一连问了三遍，老槐树和土地爷真的答了三遍"愿意"。

于是董永与姑娘结为夫妻，一同去员外家上工。员外听说要多收留一人，又听说董永妻子会织布，于是提出一个苛刻的条件：限定董永夫妇十天里织出十匹云锦，如果织得出来，就可抵三年的苦工，如果织不出来，干完三年苦工之后还要再加三年。姑娘爽快地答应了，董永却焦急万分。

姑娘让董永不要着急，自己则日日关着门在屋里纺织，不到十天，真的织出来了十匹绚丽多彩的云锦。员外拿着云锦目瞪口呆，只好放二人回家。回家的路上，姑娘对董永说，自己是天帝的小女儿，被董永的孝心所感动，所以下凡来帮助他，现在天帝知道了，自己也得回到天上去，于是飞升不见了，只约定来年再在老槐树下相见。

董永与七仙女的传说是中国古代四大爱情传奇之一，也是四大民间传说之一，长期以来在我国农村地区广泛流传，对后世影响深远。董永的传说是我国古代天人感应思想的具化，与"好人有好报""积善之家必有余庆、积恶之家必有余殃"等观点一脉相承，反映了百姓心中对积德行善与上天福报之间联系的朴素理解。

【现实启悟】

公平正义是百姓的"青天"

"天人感应"是中国古代的一种重要的哲学观点。"人"从天地间分离出来并"立人极"之后,对"天"的敬畏逐渐减少,从而引发了一系列严重的社会现实问题,需要一个外在的力量予以制约,于是"天人感应"这种认为天能干预人事、预示灾祥,人的行为也能感应上天的思想,便在民间拥有了广泛的"群众基础","董永以孝感天""感天动地窦娥冤"等许多神话传说、民间故事中都有这种思想的出现。

深究这种思想,其实隐含的是百姓对于公平正义的一种渴望——当世俗力量无法依靠、官员甚至皇帝不能满足人们对于公平正义的需求时,人们只好求助于"上天",或是天上的"神仙",或者是把历史人物传奇化、把传奇故事神圣化。比如,北宋名臣包拯,因为他为官清廉公正,所以逐渐演化为剧目里妇孺皆知的"包青天",就是说他像"青天"一样公正,这在某种程度上也是将"天"人格化。党的十八大报告将维护公平正义作为"八项必须坚持"之一,明确"公平正义是中国特色社会主义的内在要求"。习近平多次强调,要"把司法权关进制度的笼子,让公平正义的阳光照进人民心田,让老百姓看到实实在在的改革成效"。党员领导干部只有始终把人民群众的呼声作为第一信号,坚持依法办事、从小处做起,才能让百姓对公平正义有所感受,给百姓一片"青天"。

四、忠恕之道

（一）

【原典】

子贡问曰："有一言而可以终身行之者乎?"子曰："其'恕'乎! 己所不欲，勿施于人。"

——春秋《论语·卫灵公》

【译文】子贡问孔子："有哪个字是可以终身奉行的吗?"孔子回答道："那就应该是'恕'了吧! 自己不愿意做的事，就不要强加给别人。"

（二）

【原典】

夫仁者，己欲立而立人，己欲达而达人。

——春秋《论语·雍也》

【译文】心怀仁爱的君子，自己想有所作为，也尽心尽力地让别人有所作为;自己想要达成目标，也尽心尽力地让别人达成目标。

（三）

【原典】

人皆有不忍人之心。先王有不忍人之心，斯有不忍人之政矣。以不忍人之心，行不忍人之政，治天下可运之掌上。

——（战国）孟轲《孟子·公孙丑上》

【译文】 人人都有怜悯体恤他人的心。古代圣王有怜悯体恤他人的心，这才有怜悯体恤百姓的政治。用怜悯体恤他人的心，施行怜悯体恤百姓的政治，那么治理好天下就像在手掌上玩弄东西一样容易了。

（四）

【原典】

所以谓人皆有不忍人之心者，今人乍见孺子将入于井，皆有怵惕恻隐之心，非所以内交于孺子之父母也，非所以要誉于乡党朋友也，非恶其声而然也。

——（战国）孟轲《孟子·公孙丑上》

【译文】 之所以说人人都有怜悯体恤他人的心，是因为如果现在有人眼看着一个小孩子就要掉到井里去，那么他必然会产生惊惧、同情的心理。这种惊惧、同情的心理，不是为了想要和这孩子的父母拉关系，不是为了想在乡亲邻居、亲戚朋友中博取名声，也不是因为不想听到这孩子的哭叫声才产生的。

（五）

【原典】

忠恕违道不远，施诸己而不愿，亦勿施于人。

——《礼记·中庸》

【译文】 只要一个人做到"忠恕"二字，那么他离"仁道"就不远了。何为忠恕？自己不愿意接受的事，也不要强加给他人。

（六）

【原典】

所恶于上，毋以使下；所恶于下，毋以事上；所恶于前，毋以先后；所恶于后，毋以从前；所恶于右，毋以交于左；所恶于左，毋以交于右。此之谓絜①矩②之道。

——《礼记·大学》

【注释】 ①絜（xié）：度量。

②矩：画直角用的尺子，引申为规则、法度。

【译文】 厌恶在上位者的所作所为，就不要用同样的行为对待在下位者；厌恶在下位者的所作所为，就不要用同样的行为侍奉在上位者；厌恶前者的所作所为，就不要用同样的行为施加于后来者；厌恶后来者的所作所为，就不要用同样的行为对待前者；厌恶在右者的所作所为，就不要用同样的行为对待在左者；厌恶在左者的所作所为，就不要用同样的行为对待在右者。这就是推己及人的"絜矩之道"。

（七）

【原典】

尽己之谓忠，推己之谓恕。

——（南宋）朱熹《四书章句集注》

【译文】 尽自己的心为人谋事而无二心，这就是忠；知晓自己的心并能从己推及他人，这就是恕。

【国学常识】

"十三经"与"二十四史"

"十三经"是指在南宋时最终确立的十三部儒家经典，它们是《诗经》《尚书》《周礼》《仪礼》《礼记》《易经》《左传》《公羊传》《谷梁传》《论语》《尔雅》《孝经》《孟子》。其形成过程为：汉代立《诗》《书》《易》《礼》《左传》于学官，为"五经"；唐代加《周礼》《仪礼》《公羊传》《谷梁传》为"九经"；至唐开成年间刻石经于国子监，又加《孝经》《论语》《尔雅》为"十二经"；宋复增《孟子》，因此有"十三经"之称。

"二十四史"是中国古代各朝撰写的二十四部史书的总称，清代钦定为"正史"，堪称为清代以前中华文明史的全记录。"二十四史"包括：《史记》《汉书》《后汉书》《三国志》《晋书》《宋书》《南齐书》《梁书》《陈书》《魏书》《北齐书》《周书》《隋书》《南史》《北史》《旧唐书》《新唐书》《旧五代史》《新五代史》《宋史》《辽史》《金史》《元史》《明史》，所记载的内容上起传说中的黄帝（约前2550年），止于明朝崇祯十七年（1644年），共计3249卷，约4200万字，记载了历代政治、经济、文化艺术和科学技术等各方面的重要事迹，采用统一的有本纪、列传的纪传体编写。

【国学故事】

曹操焚信聚人心

东汉末年，曹操和袁绍在官渡对峙，争夺中国北方的控制权。当时袁绍势力大，号称有70万人马，粮草辎重无数，而曹操只有不到十万人，形势十分不利。曹操手下的许多将领、谋士都暗地里给袁绍写信，想要提前联络一下感情，以备战败后也好有个出路、留条性命。可是后来曹操采用了许攸的计谋，设奇兵烧掉了袁绍的粮草大营，让其军心大乱，同时全力出击攻打袁绍，袁绍大败。袁绍"披甲不迭、单衣幅巾"，仓促带领几百骑兵渡过黄河逃回了老家，留下大批辎重、地图和文书，被曹操全部缴获。

有人从收缴到的文件中，翻到了曹军中诸人与袁绍暗通的证据，把它交给了曹操。但是曹操却连看都没看，就命人把这些信搬出去，当众全部烧毁了。左右心腹十分不解，问他为什么不趁机把这些通敌之人揪出来。曹操却说："当绍之强，孤亦不能自保，况他人乎?"意思是当初袁绍如此强大，我自己尚且担心若是战败会性命难保，何况下面的那些人呢?

尽管曹操在历史上多被评以奸诈、多疑，"宁可我负天下人，不可天下人负我"，尽管他当时可能有大

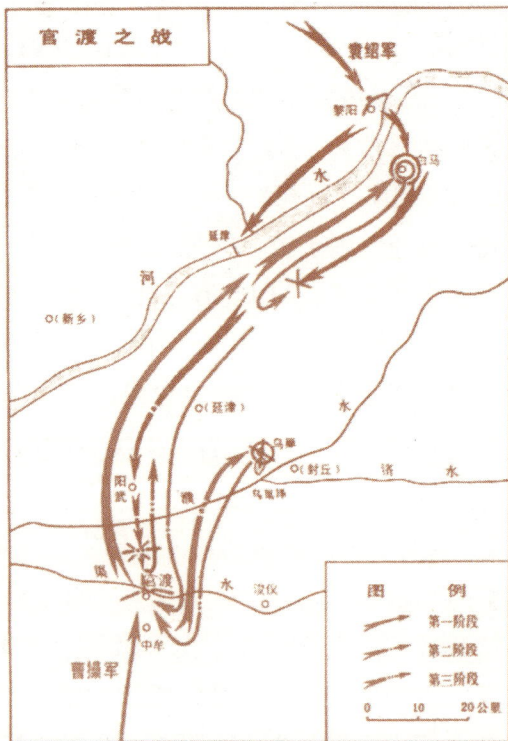

官渡之战示意图

战初胜、正是用人之际、需要稳定人心等方面的考虑，但这一把火、一句话，却体现了他能站在对方的角度看问题、能设身处地为他人着想。按常理，无论在任何年代、任何军队或组织中，通敌都是重罪，即使不逐一清查、格杀勿论，至少也要查明记录、以作防备。但是曹操并没有这样做，而是将心比心，充分理解了这些在绝望之

中意图寻求后路的下属们的无奈。能推己及人、站在对方的角度思考，心胸气量自然而然就会放大。而这种"心胸气量"也会带来好的结果：那些曾经想投奔袁绍的人，见曹操如此，一方面都暗自羞愧不已，另一方面又赞叹曹操有如此容人的胸襟，从此更是对曹操忠心耿耿、竭诚效力，最终助其奠定了三分天下的基业。

【现实启悟】

"忠恕"让世界更美好

2015 年 4 月 21 日，习近平在巴基斯坦议会演讲时说道："中华文化倡导'己欲立而立人，己欲达而达人'。中国坚持正确义利观，帮助巴基斯坦就是帮助我们自己。""己欲立而立人，己欲达而达人"，以及"己所不欲，勿施于人"，这两句出自《论语》里的话，正是对"忠恕"这一儒家重要思想的最恰当解读。"忠"字拆开看就是"中人之心"，"恕"字拆开看便是"如人之心"，所以，"忠"是尽己之心、从自我出发、尽心竭力为人谋；"恕"是如人之心、发散出去、换位思考体谅人。忠，强调的是付出和助益；恕，提醒的是换位和体谅。而最终，为人谋，人也会为我谋，体谅人，人也会体谅我。

"忠恕"的理念，在今天听来，令人格外动容。文化输出与文化侵略的论争，是文明形态的冲突；国内的贸易顺差与国外的反倾销举措，是经济体制的冲突；不同年龄段人群的代沟，是价值观念的冲突；旧有事物对创新态势的打压，是思维模式的冲突……所有这些由差异而产生的冲突，究其解决之道，都可在"忠恕"中寻找答案。如能遵循"忠恕"，就不会再用固执去拒绝异类、用偏激去反对异见、用自大去打击新生、用霸权去迫害弱势。"忠恕"，会让世界懂得：即使不同意，也要坚决尊重；即使不理解，也该保持平和；即使不支持，也需文明礼敬，"忠恕"会让世界更美好。

五、以百姓心为心

（一）

【原典】

皇祖有训，民可近，不可下，民惟邦本，本固邦宁。

——春秋《尚书·五子之歌》

【译文】祖先传下训示：民众是用来亲近的，不能轻视；因为民众才是国家的根基，只有根基牢固，国家才能安定。

（二）

【原典】

政之所兴，在顺民心；政之所废，在逆民心。

——（春秋）管仲《管子·牧民》

【译文】一个国家的政治之所以能兴盛，在于顺应了民心；一个国家的政治之所以废弛，则因为违逆了民心。

（三）

【原典】

德莫高于爱民，行莫贱于害民。

——（春秋）晏婴《晏子春秋·内篇问下》

【译文】最高尚的德性，莫过于爱护百姓；最卑劣的行为，莫过于戕害百姓。

（四）

【原典】

乐民之乐者，民亦乐其乐；忧民之忧者，民亦忧其忧。

——（战国）孟轲《孟子·梁惠王下》

【译文】（君王）为老百姓的快乐而快乐，老百姓也为他的快乐而快乐；（君王）为老百姓的忧愁而忧愁，老百姓也为他的忧愁而忧愁。

（五）

【原典】

得天下有道：得其民，斯得天下矣。得其民有道：得其心，斯得民矣。得其心有道：所欲与之聚之，所恶勿施尔也。

——（战国）孟轲《孟子·离娄上》

【译文】得天下有办法：得到百姓的支持就能得天下；得到百姓的支持有办法：得民心，就能得到百姓的支持。得民心有办法：他们所期望的，就为他们积聚，他们所厌恶的，不要强加给他们。

（六）

【原典】

故善为国者，爱民如父母之爱子、兄之爱弟，闻其饥寒为之哀，见其劳苦为之悲。

——（西汉）刘向《说苑·政理》

【译文】 因此，善于治理国家的统治者对待百姓，就像父母怜爱自己的孩子、兄长爱护自己的弟妹一样，听闻他们遭受饥寒，会为他们感到哀怜悲伤；眼见他们遭受劳苦，会为他们感到悲痛异常。

（七）

【原典】

知屋漏者在宇下，知政失者在草野。

——（东汉）王充《论衡》

【译文】 知道房屋漏雨的人在房屋下，知道政治有过失的人在民间。

（八）

【原典】

治理之道，莫要于安民；安民之道，在于察其疾苦。

——（明）张居正《答福建巡抚耿楚侗》

【译文】 治国理政的要害，莫过于使民安定；使民安定的要处，则在于体察他们的疾苦。

《百家姓》与中国姓氏

《百家姓》是一篇关于中文姓氏的文章，作者不详，约成文于北宋初年。原文收集姓氏 411 个，后来逐渐增补到 568 个，其中单姓 444 个，复姓 124 个。其后又出现各种改编本，如明代吴沉、刘仲质编《皇明千家姓》，清代康熙时编《御制百家姓》，但都未能取代旧本的地位。

《百家姓》采用四言体例，对姓氏进行了排列，而且句句押韵，虽然它的内容没有文理，但对中国姓氏文化的传承、中国文字的认

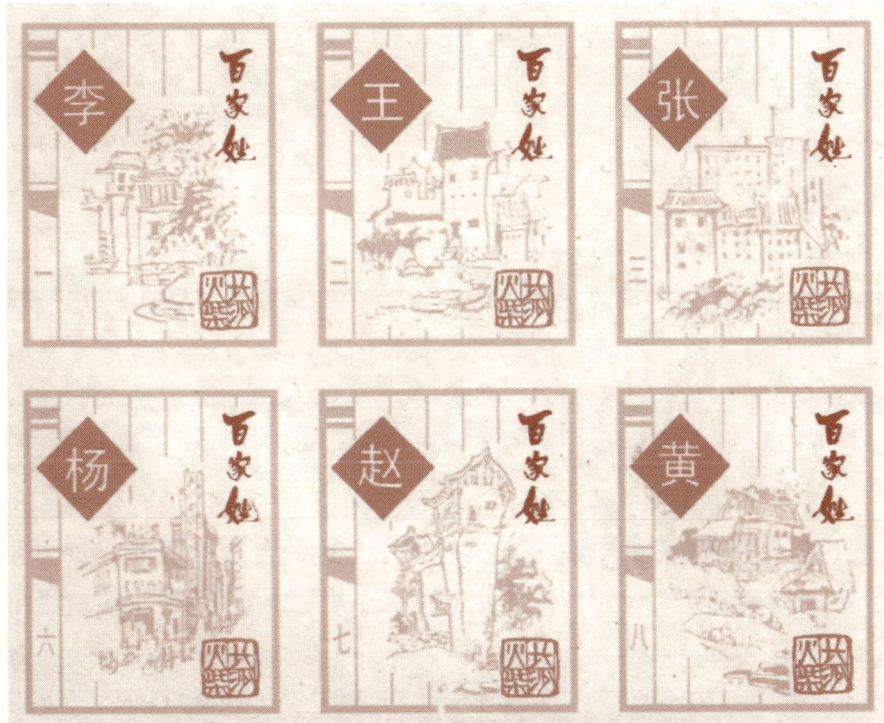

百家姓火花

识等方面都起到了巨大作用，因而流传千百年不衰，并与《三字经》《千字文》合称"三百千"，成为中国古代幼儿的重要启蒙读物之一。

中国姓氏的发展过程十分复杂。在上古时代，姓和氏是两回事，"姓者，统其祖考之所自出；氏者，别其子孙之所自分"。可以简单理解为，姓出自母系，氏来自父系，氏从姓那里派生出来。从汉代起，姓氏开始合二为一。而姓氏的由来，大致可归纳为：母系氏族社会以母亲名为姓；以出生地、居住地为姓；以古国名为姓；以封地为姓；以官职为姓；天子赐姓；以祖辈的字或名为姓；因神话传说而为姓；因避讳或某种原因改姓；少数民族融合到汉族中时，其本族语言的音译为姓；以次第排行为姓；以技艺职业为姓；等等。中国姓氏文化历经五千年始终延续和发展着，姓氏也一直作为中国传统宗族观念最主要的表现之一，以一种特殊的形式记录着中华民族的形成发展。

【国学故事】

明其所欲，行其所善

晏子，名婴，字仲，谥平，是春秋时期齐国著名的政治家、思想家、外交家，历任齐灵公、齐庄公、齐景公三朝的上大夫，辅政长达四十余年，以政治远见、外交才能和朴素作风闻名于诸侯。

齐景公在位的时候，有一年大雪一连下了三天还没有停歇。齐景公披了一件名贵的裘皮大衣，坐在厅堂边的台阶上看雪。晏子进宫去觐见景公，在他的身旁侍立了好一会儿。景公对晏子说："现在的天气真奇怪，眼见下了三天大雪，却并不怎么感到寒冷。"晏子回答道："天真的不寒冷吗？"景公笑了，觉得晏子明知故问。只听晏子接着说道："我听说古代贤德的君主，自己吃饱了，就同时惦念着还有人在挨饿；自己穿暖了，就同时惦记着还有人在受冻；自己安逸了，就同时记挂着还有人在劳顿。可如今大王您却不这么想。穿着名贵的裘皮大衣，却在这里发出'天怎么不寒冷'的感叹。实在是不应该啊。"景公听了，惭愧地说："你说得对呀，我受教了。"于是他就下令打开仓库拿出厚衣服，打开粮仓调出粮食，发放给那些在大雪天里受冻挨饿的人们。

齐景公"雪天不冷"几乎可以与晋惠帝"何不食肉糜"的昏聩言论相"媲美"了。而之所以会出现这样可笑之语，可能还是因为他们固于"己心"，未能超脱出自己的主观感受、主观判断。我们说君子要推己及人、将心比心，这还只是一个开始，无论是君子还是为政者，更重要的一点应是从推己及"一个人"扩展到及"百姓"，能以己之心度天下百姓之心，这样才能做到以人为本、行人之道。而晏子能够时刻心忧百姓饥寒，并能婉转表达意思，让景公明白道理、及时改进，真是智慧而又仁爱。

【现实启悟】

把群众的安危冷暖时刻放在心上

"人道"的核心便在"人"，推而广之，便是"人民""百姓"，便是"群众"。"一切为了群众，一切依靠群众，从群众中来、到群众中去"的群众路线，是毛泽东思想活的灵魂，也是中国共产党一直以来的根本工作路线。当前，有的党员领导干部受拜金主义、享乐主义和极端个人主义的腐蚀，与群众的关系越来越疏远，对群众的感情越来越淡薄，对老百姓的疾苦视而不见，只会"四个轮子转、隔着窗户看"，摸不清基层实情，听不到群众呼声。对于这种情况，习近平在《之江新语》中就指出："一个党员，如果与群众的距离远了，就与党拉开了距离；心中没有群众，就不配再做共产党员。"

习近平自担任中共中央总书记以来时刻将群众的安危冷暖放在心上。2015年7月16日，他在延边朝鲜族自治州光东村了解到一些村民还在使用传统的旱厕，便指出，新农村建设也要不断推进，要来个"厕所革命"，让农村群众用上卫生的厕所。基本公共服务要更多向农村倾斜，向贫困地区倾斜。习近平在百忙之中还不忘关心农民群众"上厕所"的问题，这是真正的"以百姓心为心"，给各位党员领导干部树立了榜样：只有扎根群众，才能与群众打成一片；只有把群众的安危冷暖时刻放在心上，才能真正地为民办实事、得民心。

第六篇 治道去泰

＂治道＂，是指＂治国之道＂或说＂治理之道＂。我国古代有着
丰富的治道思想。《管子·治国》中说：＂凡治国之道，必先富民。＂
《孟子》中多次谈到＂保民而王＂的＂王道理想＂，而对＂霸道＂
避而不谈。刘向《说苑·政理》中说：＂治国之道，爱民而已。＂司
马光编《资治通鉴》，宋神宗评＂鉴于往事，有资于治道＂。甚至可
以夸张地说，中国古代历史就是一部＂治道＂史。

＂治道＂在中国古代往往与个人的修养为学密切相关。《大学》
里讲＂格物＂＂致知＂＂诚意＂＂正心＂＂修身＂＂齐家＂＂治国＂
＂平天下＂，在这个＂上升链条＂中，治国平天下是放在最后的，需
要做好自身的修养功夫后，＂学而优则仕＂，方可追求将所学推广为
＂治道＂，传统中国士人的终极理想也大多是＂内圣外王＂。然而随
着近代西学东渐，西方的政治文明传入，对这种＂政＂＂治＂合一
的模式提出了挑战，对当今中国的治道思想、治理理念提出了新的
要求。

＂治道去泰＂，首要＂激浊扬清＂，《庄子·徐无鬼》中说：＂夫
为天下者，亦奚以异乎牧马者哉？亦去其害马者而已矣。＂亦要＂正
德行＂，＂国无德不兴，人无德不立＂。还要＂立规矩＂，＂无规矩不
成方圆＂。＂明义利＂，＂国不以利为利，以义为利＂。在此基础上，
方能＂无为无不为＂，＂垂拱而天下治＂。

一、善抓问题关键点

（一）

【原典】

德惟善政，政在养民。

——春秋《尚书·大禹谟》

【译文】 修德主要表现在搞好政事，为政在于造福一方百姓。

（二）

【原典】

国家之立也，本大而末小，是以能固。

——（春秋）左丘明《左传·桓公二年》

【译文】 一个国家的建立，根本大而枝节小，这样才能稳定巩固。

（三）

【原典】

凡治国之道，必先富民。民富则易治也，民贫则难治也。

——（春秋）管仲《管子·治国》

【译文】大凡治国之道，必然要先使百姓富裕起来。百姓富裕，就容易治理；百姓困苦，则难以治理。

（四）

【原典】

御民之辔^①，在上之所贵；道民之门，在上之所先；召民之路，在上之所好恶。故君求之，则臣得之；君嗜之，则臣食之；君好之，则臣服之；君恶之，则臣匿之。

——（春秋）管仲《管子·牧民》

【注释】①辔（pèi）：驾驭牲口的缰绳，引申为治理百姓的手段。

【译文】领导百姓往哪个方向走，在于君主重视什么；引导百姓的法门，在于君主倡导什么；号召百姓的道路，在于君主的好恶是什么。因此君主所追求的东西，臣下就会追寻；君主爱吃的东西，臣下就会品尝；君主偏好之事，臣下就会实施；君主厌恶之事，臣下就会隐匿规避。

（五）

【原典】

曰："德何如则可以王矣？"曰："保民而王，莫之能御也。"

——（战国）孟轲《孟子·梁惠王上》

【译文】（齐宣王）问："具备什么样的德性，才能使天下归服呢？"（孟子）回答道："保护百姓、造福百姓，就可以使天下归服，这是没人能阻挡的。"

（六）

【原典】

是故夫至治之国，善以止奸为务。是何也？其法通乎人情，关乎治理也。

——（战国）韩非《韩非子·制分》

【译文】 因此，凡是治理得很好的国家，都把禁止奸邪作为当务之急。这是为什么呢？因为禁止奸邪的法律与人情世理息息相通，同治国理政紧密相连。

（七）

【原典】

万物有所生，而独知守其根；百事有所出，而独知守其门。故穷无穷，极无极；照物而不眩，响应而不乏，此之谓天解。

——（西汉）刘安《淮南子·原道》

【译文】 万物都有其产生、生存的各种根据，凡事都有其出现、存在的各种根源，明道之人就是能抓住这些根本、关键的东西，以探究无穷无尽的事物，并且能够观照万事万物而不致晕眩困惑，能够及时应对响应而不致疲乏，这就叫洞悉天然了。

【国学常识】

春秋三传

《春秋》，即《春秋经》，又称《麟经》或《麟史》，是中国古代儒家"六经"之一，一般认为是由孔子修订而成的。孔子在《春秋》中记载了鲁国242年的历史，用于记事的语言极为简练，然而几乎每个句子都暗含褒贬之意，被后人称为"春秋笔法""微言大义"。这也造成了后人直接读《春秋》是读不懂的，或者说不会很明白，因而后来出现了很多对《春秋》所记载内容进行补充、解释、阐发的书，被称为"传"。据《汉书·艺文志》记载，为春秋作传者共有5家：《左传》30卷、《公羊传》11卷、《谷梁传》11卷、《邹氏传》11卷、《夹氏传》11卷。其中后两种已经不传于世，现存比较著名的是被称为"春秋三传"的《左传》《公羊传》和《谷梁传》。东晋的范宁评论"春秋三传"时说："《左氏》艳而富，其失也巫（指多叙鬼神之事）。《谷梁》清而婉，其失也短。《公羊》辩而裁，其失也俗。"从中可以窥见"三传"各自的特点。

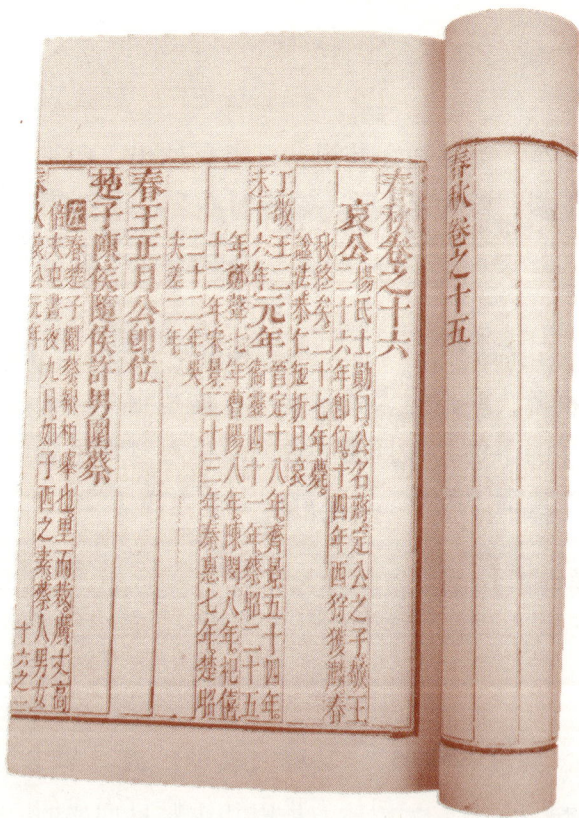

"春秋三传"书影　清同治刻本

【国学故事】

南辕北辙

《战国策·魏策》中记载了一个故事，说从前有一个魏国人，要从魏国到楚国去。他做了充足的准备，带着很多盘缠，租了好车，配上骏马，请了驾车技术精湛的车夫，就上路了。楚国本来在魏国的南面，可这个人却让车夫赶着马车一直向北走去。

路上有人问他：这么着急要去哪里。他大声回答说："去楚国！"路人好心告诉他："到楚国去应该往南边走，你现在是在往北边走，方向走反了。"那个魏国人满不在乎地说："没关系，我的马快着呢！"路人替他着急，拉住马车，阻止他说："方向错了，你的马再快，也到不了楚国呀！"那人仍不醒悟，说道："不要紧，我带的路费多着呢！"路人依然试着劝阻他："虽说你带的路费足够多，可是你走的不是去楚国的方向，路费再多也只能是浪费呀！"那个魏国人着急想要到楚国去，路人说什么他也听不进去，他有些不耐烦地说："那有什么好担心的呀，我请的车夫赶车的本领高着呢！"路人见他不听劝阻，只好松手放开车子，眼睁睁地看着他向离楚国越来越远的方向跑去了。

这个魏国人，不听路人的指点劝告，仗着自己有马快、钱多、车夫好等优越条件，朝着相反方向一意孤行，最后只能离目标越来越远。其实马快、钱多、车夫好都只是辅助因素，在"去楚国"这个目标中，选对方向才是最关键的因素。

【现实启悟】

要学会"抓重点"

我们在工作生活中有时也会分不清哪些是关键因素、哪些是辅助因素，特别是在表面形势一片大好时，更容易忽视对关键问题的把握，这样往往会事倍功半，甚至事与愿违，在错误的道路上越行越远。只有真正抓住关键因素、解决关键问题，才能事半功倍、无往而不利。

现实世界十分复杂，工作生活中我们也常会"一头雾水"，这个时候就需要有善于"抓重点"的智慧。阿基米德说："给我一个支点，我能撬动地球。"这个"支点"就是要抓的重点。不同问题、不同情况，重点也不同。有的时候，方向是重点；有的时候，规律是重点；还有的时候，某一个人群是重点。"南辕北辙"时，对的方向是重点；"雪中送炭"时，群众对温暖的渴求是重点；"庖丁解牛"时，对于牛的骨架、筋络的熟悉掌握是重点；依法治国、从严治党时，各级党员领导干部便是重点。习近平在《之江新语》中曾说，党员领导干部，特别是"一把手"，"要总揽而不包揽，学会'弹钢琴'，善于抓重点"。党员领导干部要充分认识到自身的重要性、认识到肩负的职责使命，在做工作时要分清问题的重点，在服务老百姓时要把握百姓需求的重点。如此，才能用有限的资源作出有无限意义的事业，才能"四两拨千斤"，撬动"四个全面"向纵深发展。

二、无为而无不为

（一）

【原典】

明主之治天下也，静其民而不扰，佚其民而不劳。不扰则民自循；不劳则民自试。故曰："上无事而民自试。"

——（春秋）管仲《管子·形势解》

【译文】 英明的君主治理天下，会使百姓安定而不会滋扰他们，会使百姓闲逸而不会使他们困顿劳累。不受妄为打扰，百姓就会自觉依法守法；不困顿劳累，百姓就会积极劳作。所以说："君主清宁无事，百姓就会自然顺道而行。"

（二）

【原典】

取天下常以无事，及其有事，不足以取天下。

——（春秋）老子《道德经》

【译文】 治理天下必须处虚守静，不扰攘百姓。如果妄为多事，实行苛政，就无法治理好天下。

（三）

【原典】

不轨不物，谓之乱政。乱政亟行，所以败也。

——（春秋）左丘明《左传·隐公五年》

【译文】 君主制定法令、治理百姓超出常规、不顺乎礼制法度，就叫作乱政。如果一国之君屡屡实施乱政，那么这个国家就将衰败。

（四）

【原典】

人主之道，静退以为宝。不自操事而知拙与巧，不自计虑而知福与咎。是以不言而善应，不约而善增。

——（战国）韩非《韩非子·主道》

【译文】 君主之道，在于把处静和退让奉为法宝。不亲自操劳事务，却能知道臣下办事是笨拙还是机敏；不亲自策划和谋虑事情，却知道臣下的计谋会带来福还是祸。因此君主沉默寡言，臣下就会努力谋事；不加约束，臣下就会自觉行事。

（五）

【原典】

漠然无为而无不为也，澹然无治也而无不治也。

——（西汉）刘安《淮南子·原道》

【译文】 静默无为、依顺着自然之本性去行事，就没有什么事是办不成的；淡定坦然、不去刻意有为地治理国家，反而天下皈依、百姓安乐。

（六）

【原典】

子产治郑，民不能欺；子贱治单父，民不忍欺；西门豹治邺，民不敢欺。

——（西汉）司马迁《史记·滑稽列传》

【译文】 子产治理郑国时，百姓无法欺骗他；子贱治理单父时，百姓不忍心欺骗他；西门豹治理邺时，百姓不敢欺骗他。

【国学常识】

文景之治

秦末农民战争和楚汉之争，导致社会动荡不安、经济遭到严重破坏。等到汉初的时候，连皇帝也坐不上四匹同样颜色马拉的车，将相们只能坐牛车。面对这种形势，汉文帝、汉景帝在位期间推崇黄老之术，采取"休养生息"的政策，"轻徭薄赋""与民休息"。汉文帝二年和十二年分别两次"除田租税之半"，汉文帝十三年，还全免田租。二帝生活十分节俭，衣不曳地，帷帐不施文绣，更下诏禁止郡国贡献奇珍异物。因此，国家的开支有所节制，贵族官僚不敢奢侈无度。汉文帝、汉景帝还非常重视农业，曾多次下令劝课农桑，奖励努力耕作的农民。每年春耕时，他们亲自下地耕作，给百姓作榜样。同时，对周边敌对国家也不轻易出兵，维持和平，以免耗损国力。随着生产日渐得到恢复并且迅速发展，国家出现了多年未有的稳定富裕景象，人民的生活水平得到了很大程度的提升。到景帝后期时，国家的粮仓丰满起来了，府库里的大量铜钱多年不用，以至于串钱的绳子都烂了，散钱多得无法计算。

汉文帝与汉景帝像

汉文帝和汉景帝时期，政治清明、经济发展、人民生活安定，确实称得上是太平盛世，也为后来汉武帝征伐匈奴奠定了坚实的物质基础。因此，这个时期被后世各个朝代推为封建帝制社会的第一个"治世"，史家称其为"文景之治"。

【国学故事】

揠苗助长

《孟子·公孙丑上》中讲到，古时候有个宋国人，总希望自己田里的禾苗长得快些，于是就天天跑到田边去看。可是，一天、两天、三天，他一连去看了好几天，发现自己田里的禾苗好像一点儿也没有长高，跟别人田里的禾苗比，还矮了一大截。宋国人看到这种情况非常着急，每天在田边焦急地转来转去，想要做点什么，帮助自己的禾苗长得快些。一天，他突然想到了一个好办法，就急忙跑到田里，把禾苗一棵一棵往上拔，拔到比别人家的禾苗还高出一截。

宋国人从早上一直忙活到太阳落山，筋疲力尽，终于把田里的禾苗都拔了个遍，这才心满意足地回家了。儿子看他今天特别疲惫，心情却不错，就问他怎么回事。他一边喘着气一边对儿子说："今天忙了一整天，可把我累坏了，好在力气都没白费，我们家的禾苗都长了一大截，比别人的长得都高呢，不信你去看看。"儿子不明白是怎么回事，就赶忙跑到田里去看，却发现禾苗的根都被他父亲从土里拔了出来，已经全都蔫巴了。

这个宋国人本意是好的，想要通过自己的"努力"，让禾苗长得更快一些。但是他想的这个"办法"却是有问题的，只考虑到了一时的效果，而违背了禾苗生长的规律，所以最终"好心办坏事"，辛勤努力付之东流不说，还把禾苗全都给弄打蔫了。如果他不去"揠苗助长"，禾苗可能只是长得慢一点，却不至于出现全都打蔫的惨痛结局。如果他把努力放在勤松土、浇水、施肥上，禾苗也会茁壮成长。所以有时候，不作为肯定不是什么好事，但是不经认真研究、反复论证的"肆意妄为"，危害反倒会更大。

【现实启悟】

有为不是乱为，无为不是不为

"无为无不为"是老子辩证法的精华之一。有时候"无为"的结果是"无所不为"，"有为"的结果反倒是"为而无作为"，这其中的关窍便是如何在"为"与"不为"间寻找一个关节点，在"为"与"不为"时选取恰当的方式。寻找关节点，便是要有分工、有界限、有权责，无论是上下级之间、同事之间还是政府与市场之间，都需要有明确的分工、划定清晰的界限，有权力清单也有责任清单，当为则为，不当为则不能为。选取恰当的方式，就是在"为"的时候不是肆意妄为，不是乱为，而是在符合规律的前提下"为"；无为也不是"大撒手"，而是在确保事情正常发展的前提下"隐居幕后"、看似不为。习近平同志任福建省省长时就明确提出，今后政府职能转变的关键是做到有所为有所不为，政府做政府应该做的，社会做社会应该做的，各按自己本来的特性和规律办事。他在《之江新语》中谈"一把手"的工作方式时也指出，"不能事必躬亲，专权武断，干预具体政务"，要"到位而不越位"。当前有些党员领导干部，怕出事、怕担责，搞所谓的"无为政治"；还有一些领导干部，外行指挥内行，不懂装懂，拍脑袋决策、拍大腿后悔、拍屁股走人，这些都是有问题的。把握好"为"与"不为"之间的度，做好"无为无不为"的辩证法，才能为而不越位、"隐"而不失职。

三、用道德教化百姓

（一）

【原典】

戒之用休，董①之用威，劝之以九歌②，俾勿坏。

——春秋《尚书·大禹谟》

【注释】 ①董：监督。

②九歌：指金、木、水、火、土、谷"六府"与正德、利用、厚生"三事"都可以歌而乐之。

【译文】 用真善美的政事来训诫百姓，用威严的姿态来监督百姓，用九歌来勉励百姓，那么政事就不至于败坏了。

（二）

【原典】

礼义廉耻，国之四维。四维不张，国乃灭亡。

——（春秋）管仲《管子·牧民》

【译文】 礼义廉耻是维持一个国家的四大纲领。如果礼义廉耻不能得到广泛有效的推行，那么国家就会灭亡。

（三）

【原典】

礼不逾节，义不自进，廉不蔽恶，耻不从枉。故不逾节，则上位安；不自进，则民无巧诈；不蔽恶，则行自全；不从枉，则邪事不生。

—— （春秋）管仲《管子·牧民》

【译文】 有了礼的制度，人们就不会逾越规矩；有了义的法则，人们就不会妄自求进；有了廉的约束，人们就不会刻意掩饰过错；有了耻的作用，人们就不会轻从恶行。所以百姓不逾越规矩，君主的地位就安稳；不妄自求进，就不会欺诈；不掩饰过失，行为自然就会端正；不轻从恶行，就不会有邪乱之事的发生。

（四）

【原典】

子曰："为政以德，譬如北辰，居其所而众星共①之。"

——春秋《论语·为政》

【注释】 ①共：通"拱"，有环绕之意。

【译文】孔子说："当政者用道德教化来治理国政，就像北极星那样，居于一个固定的方位，而群星都会环绕着它。"

（五）

【原典】

君子敬而无失，与人恭而有礼，四海之内，皆兄弟也。君子何患乎无兄弟也？

——春秋《论语·颜渊》

【译文】君子只要有敬畏之心，做事严谨而不出差错，与人交往恭敬有礼，那么四海之内的人都是他的兄弟。君子何必担忧没有兄弟呢？

（六）

【原典】

子张问仁于孔子。孔子曰："能行五者于天下，为仁矣。""请问之。"曰："恭，宽，信，敏，惠。恭则不侮，宽则得众，信则人任焉，敏则有功，惠则足以使人。"

——春秋《论语·阳货》

【译文】 子张向孔子询问什么是仁。孔子说："能在天下实行五种德性，那就是仁了。"子张问："请问是哪五种德性？"孔子答道："恭敬、宽厚、诚信、勤敏、慈惠。恭敬就不会招致侮慢，宽厚就会得到众人拥护，诚信就会使别人为你效力，勤敏就容易成功，慈惠就足以役使他人。"

（七）

【原典】

从善如登，从恶如崩。

——战国《国语·周语下》

【译文】修习向善好比登山一样费时艰难，放纵恶欲就像山崩地裂一样迅速容易。

（八）

【原典】

修六礼①以节民性，明七教②以兴民德，齐八政③以防淫，一道德以同俗，养耆老以致孝，恤孤独以逮不足，上贤以崇德，简不肖以绌恶。

——《礼记·王制》

【注释】①六礼：指冠礼、婚礼、丧礼、祭礼、乡饮酒和乡射礼、相见礼。

②七教：指七种人伦关系，即父子有亲、兄弟有爱、夫妇有别、君臣有义、长幼有序、朋友有信、宾客有礼。

③八政：指饮食的方式、衣服的尺度、工艺的标准、器具的品类、长度的规定、容量的单位、数的进位和布帛的宽窄。

【译文】修习六礼以节制人民的性情，明辨七教以提高人民的道德，整齐八政以防止僭越，规范道德以统一风俗，赡养老人以促进孝顺的风气，救济孤独以避免他们被社会遗弃，奖励贤者以鼓励人人向善，清除坏人以警戒人们改正错误。

【国学常识】

四维八德

"四维八德"是中华民族的传统价值要求。"四维"即礼、义、廉、耻。春秋时代齐国的管仲把礼、义、廉、耻称为国之"四维"。《管子·牧民》中说："礼义廉耻，国之四维。四维不张，国乃灭亡。"又说："礼不愈节，义不自进，廉不蔽恶，耻不从枉。"他认为"礼"就是思想行为不能越出应有的节度；"义"，就是自己不推荐自己；"廉"，就是不隐瞒自己的缺点错误；"耻"就是不与不正派的人在一起。管仲认为"礼、义、廉、耻"这四种重要的德性，比"法"更为重要。后来宋代将管仲的"四维"扩展，提出"八德"，即孝、悌、忠、信、礼、义、廉、耻。到清朝末年，面对西方强势文化的冲击，维新人士致力于吸收西方近代道德精华，建构中国新道德，引入了现代国家观念，孙中山和蔡元培最终提出了新的"八德"，即忠、孝、仁、爱、信、义、和、平。

【国学故事】

楚王好细腰

《战国策》和《墨子》中都提到了一个"楚王好细腰"的故事。故事是说从前楚灵王在位的时候，喜欢腰身纤细的士人，于是楚国的士大夫们为了细腰，每天都只吃一顿饭，饿得头昏眼花，站都站不起来：席地而坐的人要站起来，非得扶着墙壁不可；坐在马车上的人要站起来，一定要借力车厢前面的扶手。虽然饿成这样，十分想吃美味的食物，但为了腰身纤细，为了得到楚灵王的赏识，大家依旧忍住不吃，即使饿死了也心甘情愿。《墨子》中还提到另外两个类似的故事。一个是说，从前晋文公不喜欢士人穿华美的衣服，所以他的臣下都穿得跟乡野村夫一般，有的穿着母羊皮缝的皮袄，有的围着用牛皮做的带子来挂佩剑，还有的头戴熟绢做的帽子，就这样参见君上、出入朝廷。还有一个是讲，从前越王勾践喜欢下属勇猛不怕死，所以他在训练臣下时，先把他们集合起来，然后放火烧船，对将士说："越国的财宝全在这船里。"他自己亲自擂鼓，让臣下前进。

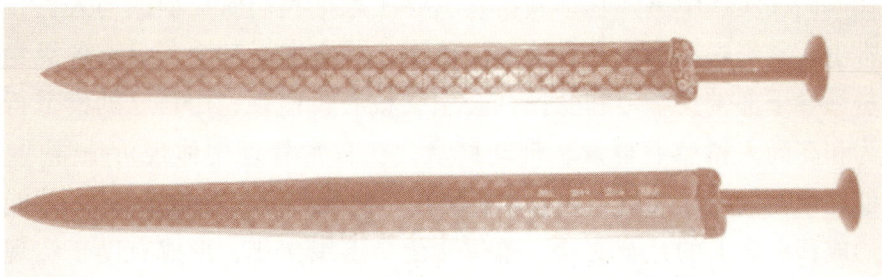

越王勾践剑

臣下听到鼓声，争先恐后地往船上冲，蹈火而死的近臣就达到百人有余。自此，普通的越国人也都十分勇猛好斗，身上都有很多伤疤。

君主喜欢什么，臣下也会偏好什么；君主厌恶什么，臣下也都会避开什么；君主提倡什么，连普通百姓都会像他所提倡的那样去做。所以说"上有所好，下必甚焉"。上至治理一个国家，下至管理一个单位、机构、团队，领导干部都要慎重表露自己的喜好、厌恶，同时提倡一些正能量、符合主流价值的东西，这样才能避免下属曲意逢迎，才能形成良好的风气与昂扬向上的精神面貌。

【现实启悟】

充分发挥核心价值观的引领作用

文化是民族的血脉，价值观是文化的核心。一个国家、一个单位提倡什么样的价值观，最终就会形成什么样的文化氛围。习近平在北京大学考察并与师生座谈时指出，对一个民族、一个国家来说，最持久、最深层的力量是全社会共同认可的核心价值观。充分发挥社会主义核心价值观的引领作用，才能"凝神聚气、强基固本"，才能为实现中国梦汇聚强大的精神力量。发挥核心价值观的引领作用关键是要落细、落小、落实。习近平在中共中央政治局第十三次集体学习时强调，一种价值观要真正发挥作用，必须融入社会生活，让人们在实践中感知它、领悟它。要注意把我们所提倡的与人们日常生活紧密联系起来，在落细、落小、落实上下功夫。只有各级党员领导干部带头学习和弘扬社会主义核心价值观，用自己的模范行为和高尚人格感召群众、带动群众，在日常管理中体现价值导向，使之像空气一样无所不在，才能使其"内化于心、外化于行"，才能形成积极向上的社会文化、单位文化、组织文化，形成有助于实现"两个一百年"奋斗目标的生活情景和社会氛围。

四、无规矩不成方圆

（一）

【原典】

求必欲得，禁^①必欲止，令必欲行。

——（春秋）管仲《管子·法法》

【注释】①禁：指法禁、禁令。

【译文】索取希望能获得，法禁希望能阻止，命令希望能施行。

（二）

【原典】

离娄之明，公输子之巧，不以规矩，不能成方圆。

——（战国）孟轲《孟子·离娄上》

【译文】即使有离娄那样的好眼力，公输子那样的精妙绝技，但如果不用圆规和曲尺，谁也无法精准地画出方形和圆形。

（三）

【原典】

国皆有法，而无使法必行之法。

——（战国）商鞅《商君书·画策》

【译文】 每一个国家都有法度，但却没有保证这些法度必能得到遵循贯彻的法。

（四）

【原典】

道①私者乱，道法者治。

——（战国）韩非《韩非子·诡使》

【注释】 ①道：通"导"，引导、遵循之意。

【译文】 如果人人出于私利而行事，那么天下必定会混乱；如果人人遵循法令而行事，那么天下必定能顺治太平。

（五）

【原典】

圣王之立法也，其赏足以劝善，其威足以胜暴，其备足以完法。

——（战国）韩非《韩非子·守道》

【译文】 圣王确立的法度，其所规定的赏赐足以鼓励人们行善，其所传递出的威严足以震慑暴乱之徒，其措施足以保证法度完满地贯彻下去。

（六）

【原典】

国无常治，又无常乱。法令行则国治，法令弛则国乱。

——（东汉）王符《潜夫论·述赦》

【译文】 国家不会永远安定也不会一直动乱。法令能够得到有效的执行，那么这个国家就能得到治理；法令一旦松弛废止，那么这个国家必会出现动乱。

（七）

【原典】

故治国者，圆不失规，方不失矩，本不失末，为政不失其道，万事可成，其功可保。

——（三国蜀）诸葛亮《便宜十六策·治乱》

【译文】所以治理一个国家，没有规矩不成方圆，立本立根不失其末，处理政事不违背理法秩序，如此则万事可成，功业可保。

（八）

【原典】

言多变则不信，令频改则难从。

——（北宋）欧阳修《准诏言事上书》

【译文】言辞一再更改，则让人难以相信；法令频繁更替，则让人难以遵从。

（九）

【原典】

法令既行，纪律自正，则无不治之国，无不化之民。

——（北宋）包拯《致君》

【译文】只要依循法度治理天下，并且法令畅通、执行到位，纲纪和风气自然就会清正廉明。如此，就没有治理不好的国家，也不会有冥顽不化的百姓。

"规矩"与"准绳"

"规矩"一词常被用来表示一定的标准、法则或习惯，或形容一个人行为端正、合乎标准或常理；"准绳"一词则用来比喻言论、行动等所依据的原则或标准。其实"规矩""准绳"最初是指三种画图、测量和检验的工具。"规"就是圆规，"矩"就是直角曲尺，"准绳"就是一根绳子。传说中，"规"是伏羲发明的，"矩"是女娲发明的，也有说"规""矩""准绳"都是尧时期的巧工垂发明的。《史记·夏本纪》中记载：禹"左准绳，右规矩，载四时，以开九州，通九道，陂九泽，度九山"。意思是说大禹治水时左手持准绳，右手执规、矩，进行地形测量，最终才完成了治水任务。

"规""矩""准绳"后来也成为中国古代木工、陶工、车工常用的工具。传说夏代的车正（管理造车的官员）奚仲在造车时，方圆曲直都符合"规""矩""准绳"的标准，因此他所造的车结构合理，坚固耐用，行走快捷。《考工记》中在记述检验车轮是否合格

老墨斗

时，要求用"规"校准轮子是否正圆，用"矩"检验轮面是否平正，用"准绳"测量辐条是否平直。直至今天，一些木工匠人、建筑工人在制器建房时还应用着这三种工具。

【国学故事】

孙武练兵

春秋时期，吴王阖闾看了孙武的著作，非常佩服，立即召见了他。吴王说："您的兵书真是精妙绝伦，就是不知道操作起来怎么样，能否用宫女演练一下呢？"

孙武说："可以。"于是吴王便拨了一百多位宫女给他。孙武把宫女编成两队，安排吴王最宠爱的两个妃子当队长，先认真细致地讲解操练要领和基本军事动作。接着，孙武又命令在操练场摆上刑具，然后威严地说："练兵时你们一定要听从命令，不得嬉笑打闹，违者军法处置！"

宫女们都以为是来做游戏的，所以孙武命令她们全体向右转时，不仅一个人没动，还都嬉笑起来。孙武说："将领没有交代清楚动作，这是我的过错。"于是他又一次耐心讲述了动作要领，讲完了还问："明白了吗？"宫女们都说："听明白了。"于是孙武再次擂鼓，并发令右转。哪知宫女们还是一个没动，反倒笑得比上次更厉害了。

孙武沉下脸说道："动作要领没有交代清楚，是将领的过错。交代清楚了，不服从命令，那就是士兵的过错了。队长带队不力，应先受罚，按军法当处斩。"于是他命令将两个队长推出去斩首。吴王一听，急忙派人向孙武求情："将军军令严明，确实善于用兵，吴王十分佩服，但是还请放过大王的这两个爱姬。"孙武回答道："将在外，君令有所不受，一定要依照军法行事。"于是，他命人将吴王的两名爱姬斩首示众。

宫女们见他说到做到，都吓得脸色发白。孙武于是又任命了两名新队长，继续发令操练。

鼓声第三次响起，宫女们都按照规定动作，一丝不苟地完成了操练任务。吴王见孙武斩了自己的两个爱姬，心中不悦，但仍然佩服孙武治兵的才能。后来他以孙武为将，屡克强敌，最终使吴国进入强国之列。

【现实启悟】

以律均清浊，以法定治乱

带队伍、做事情，没有规矩、不按规矩办事，就寸步难行。孙武制定规矩、解释规矩、严格执行规矩，吴王阻挠也不为所动，因而能够将一群"嘻嘻哈哈"的宫女操练得"令行禁止"。也正是因为严格执行军法，他才能带出一支有战斗力的队伍，最终领兵克敌、屡战屡胜，成为我国古代伟大的军事家。

一个人，没有规矩，很难成为一个合格的社会人；一个党，没有纪律和规矩，就注定成为一盘散沙；一个国家没有法律规矩，后果不堪设想。革命战争时期，为了"上下同欲者胜"，需要规矩；全面深化改革的今天，为了凝聚全党全国、团结一心啃下"硬骨头"，同样需要规矩。2015 年 10 月 29 日，党的十八届五中全会通过的《中共中央关于制定国民经济和社会发展第十三个五年规划的建议》中明确提出：必须坚定不移走中国特色社会主义法制道路，加快建设中国特色社会主义法治体系，建设社会主义法制国家。

五、利不是一切

（一）

【原典】

不义而富且贵，于我如浮云。

——春秋《论语·述而》

【译文】用不符合道义的方法所得的富足和尊贵，对我而言就好比天际浮云一般。

（二）

【原典】

子曰："君子喻于义，小人喻于利。"

——春秋《论语·里仁》

【译文】孔子说："君子懂得的是义，小人晓得的是利。"

（三）

【原典】

国不以利为利，以义为利也。

——《礼记·大学》

天人治要

【译文】 一个国家不应把谋取财利当作根本利益，而应当把彰显道义作为根本利益。

（四）

【原典】

天之生人也，使人生义与利。利以养其体，义以养其心。心不得义不能乐，体不得利不能安。

—— （西汉）董仲舒《春秋繁露》

【译文】 上天创造了众人，使众人有了义与利的分辨。利可以供给人的身体以物质需求，义可以滋养人的心灵世界。心如果没有了义就不能安适，身体如果得不到利就无法正常运行。

（五）

【原典】

夫仁人者，正①其谊②不谋其利，明其道不计其功。

—— （东汉）班固《汉书·董仲舒传》

【注释】 ①正：合于。
②谊：通"义"，指合乎仁道的行为。

【译文】 所谓仁者，就是言行合乎正义，不谋求个人私利；修身以明仁道，不计较个人功名。

（六）

【原典】

钓者将下钩，必先投食以引之。鱼图食而并吞钩。久乃知，凡下食者皆将有钩矣。然则名利之薮，独无钩乎？不及其盛下食之时而去之，其能脱钩而逝者几何也？

——（清）林纾《畏庐文集》

【译文】钓鱼的人在垂下鱼钩的时候，必定先将鱼饵挂在鱼钩上来引诱鱼，鱼儿若想吃食，便得吞下鱼钩。天长日久，鱼儿就知道凡是有饵食的地方都会有鱼钩。然而，名利汇聚的地方，难道就没有"鱼钩"吗？如果不能趁着他人挂鱼饵的时间及时逃走，那么能脱钩而逃的人又能有几个呢？

【国学常识】

国家为什么又称"社稷"

我们常常说"江山社稷"，用"社稷"指称国家，那么"社稷"最初的含义是什么呢？"社"，最初指土地之神。相传水神共工的儿子句龙，每次发洪水的时候，就指挥人们到土丘高地上去住，如果没有高地就安排人挖土堆丘，规模是每丘住 25 户，称之为"社"。句龙死后，被奉为土地神，也叫作"社神"。后来也把祭祀土地神的节日和礼仪都叫"社"，社祭用的神坛也称为"社"，从天子到诸侯，凡是有土地者都可以立"社"，甚至乡民也可以立"社"祭祀土地神，"社日"成为睦邻欢聚的日子，同时还有"社戏"等各种欢庆活动。"稷"原指周朝的始祖"后稷"，在尧舜时期他是掌管农业之官，曾经被尧举为"农师"，被舜命为"后稷"，他在西周被尊为"五谷之神"，也称作稷神或者农神。

古时的君主为了祈求国事太平、五谷丰登，每年都要祭祀土地神和五谷神，"社"与"稷"于是就合并在一起进行祭祀。据《周礼·考工记》记载，"社稷"的祭坛设于王宫之右，与设于王宫之左的宗庙相对，前者代表土地五谷，后者代表宗法血缘，于是共同成为国家的象征。

中山公园社稷坛五色土

【国学故事】

螳螂捕蝉，黄雀在后

《庄子·山林》中说，庄子有一次到一个称作雕陵的园子里游玩，走进篱笆，看到一只黄雀从南边猛地飞过来，那黄雀的翅膀展开有七尺宽、眼睛有一寸大，它擦着庄子的额头飞过去，停落在旁边的栗树林里。庄子十分奇怪："这是什么鸟啊，翅膀那么宽却飞得不远，眼睛那么大却跟看不见人似的。"于是他提起衣裳快步走近栗树林，拿着弹弓瞄准，准备把黄雀打下来。这时庄子顺着黄雀盯着的方向看过去，忽然看见一只蝉，因为找到了一处很好的阴凉地而忘记了自身的安全；有一只螳螂躲在旁边，正准备抓那只蝉，看到就要有所捕获，却也忘了自身的安全；黄雀看见螳螂在捕蝉，认为有利可图，所以连旁边有人都顾不上了。庄子见到这一切，心惊肉跳地说："唉！物与物原来是互相牵累残害的，利和害也是互相招致的啊！"于是他赶紧扔掉弹弓，转身就走。

【现实启悟】

不简单以 GDP 论英雄

我们常说，"鼠目寸光"，其实人也常常只能看到眼前的那一点利益，而忘记了更长远的利益、忘记了利益背后可能有的祸患。人往往像那只黄雀一样，翅膀宽、眼睛大，却看不清、飞不远，都是因为眼前利益所惑。

2013 年 6 月 28 日，习近平在参加全国组织工作会议时指出，要改进考核方法手段，既看发展又看基础，既看显绩又看潜绩，把民生改善、社会进步、生态效益等指标和实绩作为重要考核内容，再也不能简单以国内生产总值增长率来论英雄了。长期以来，一些地方干部特别是领导干部只重经济增长、只抓招商引资、只看数字不讲效益、只搞政绩工程，而对民生改善、社会进步、软实力建设、生态效益等忽视或无视。这样的发展，不是科学的、可持续的发展。党员领导干部只有树立正确的发展观、政绩观，把"五位一体"建设的方方面面统一起来，经济效益与社会效益并重，精神文明建设与物质文明建设共抓，才能顺应中国社会发展和经济发展的新常态。

第七篇 道心惟微

　　"道心"一词出自《尚书·大禹谟》:"人心惟危,道心惟微,
惟精惟一,允执厥中。"这几句话在汉唐时仅作文字训诂,并无奥
义。至宋代理学家以义理解经,才将这 16 字视作尧舜心传,用以解
释理学所谓"天理""人欲"之说。但其实早在孟子那里便有"尽
心知性知天"之说。葛洪《抱朴子》中也有所谓"心性"之语。可
以认为,"道心"是中国古代思想中一个早已有之的概念,意为得道
之心或求道之心,是"道"在人身上的集中体现。"道心"概念最
终在宋明理学那里大成,上升为可通天人的核心概念。

　　北宋理学家程颐以天理人欲解释道心人心,并把二者对立起来:
"人心私欲故危殆,道心天理故精微",并由此提出"灭人欲、明天
理"的主张。朱熹则对程颐之说进行了发挥,提出理与气相合而有
知觉之心,"其寂然不动者为心之体,即为性;其感于物而动者为心
之用,即是情"。他认为"性是静,情是动,心则兼动静而言",心
只是一心,可或觉于理,或觉于欲。觉于理就是道心,觉于欲就是
人心。明代王阳明认为"本心"即道心,本心杂以"人伪"为人
心,是以本心之得失来分道心人心。虽然各家学说各不相同,但基
本都将道心与人心并在一起讲,并都认为道心为善,人心危殆,而
人心之所以如此是因为被欲望所"蔽"。

　　所以理解"道心"就要先从人心、从欲望、从外界干扰开始,
进而知道要挣脱欲望的侵扰,有"发明本心"的觉悟,由此才可逐
渐"允执厥中",进而"尽心知性知天"。当然最关键的,道心不仅
是"得道"之心,更是求道、向道之心,然而因为"人心惟危",
所以"任重道远",只有弘毅方可使道心彰显,使大道行于天下。

一、五色令人目盲

（一）

【原典】

凡心之刑^①，自弃自盈，自生自成。其所以失之，必以忧乐喜怒欲利。能去忧乐喜怒欲利，心乃反济。彼心之情，利安以宁。勿烦勿乱，和乃自成。

—— （春秋）管仲《管子·内业》

【注释】 ①刑：通"型"，规则。

【译文】 心的规则，在于它能自我充盈，自我生长。它之所以失去常态，必然是因为有了忧愁、欢乐、喜悦、愤怒、嗜欲和贪利。假如去除了忧愁、欢乐、喜悦、愤怒、嗜欲和贪利，心就可复归安定的状态。从心的特性上来看，人们需要保持安定和宁静的状态，切忌心烦意乱，如此，人心之和谐便可自然而成。

（二）

【原典】

五色^①令人目盲，五音^②令人耳聋，五味^③令人口爽^④，驰骋畋猎^⑤令人心发狂，难得之货令人行妨。是以圣人为腹不为目，故去彼取此。

—— （春秋）老子《道德经》

【注释】①五色：青、黄、赤、白、黑，这里泛指缤纷的色彩。

②五音：宫、商、角、徵（zhǐ）、羽，这里泛指多种音乐。

③五味：酸、苦、甘、辛、咸，这里泛指多种味道。

④口爽：意思是味觉失灵，生了口病，古人以"爽"为口病的专用名词。

⑤畋（tián）猎：打猎。

【译文】缤纷的色彩繁杂艳丽，看久了却使人眼花缭乱；歌乐曲调嘈杂喧哗，听久了使人听觉失灵；多种味道混杂在一起，吃多了却使人舌不知味、胃口败坏；驰骋狩猎纵情娱乐，时间久了会使人心情发狂、纵情放荡；贪求珍奇宝物而不知足，时间久了会使人心思不止、欲壑难填。因此，圣人只求衣食温饱、生活安宁，不会纵情声色、放荡追逐，所以舍巧去伪而无欲无求。

（三）

【原典】

知足者富。强行者有志。

——（春秋）老子《道德经》

【译文】满足于安定温饱的生活而不贪得无厌，才是真正富足之人；坚忍不拔、顽强行道而不为杂念私欲所迷惑困扰，才称得上有远大的志向。

（四）

【原典】

故君子居必择乡，游必就士，所以防邪辟①**而近中正也。**

——（战国）荀况《荀子·劝学》

【注释】①邪辟：品行不端。

【译文】因此，君子定居时一定要选择好的环境，外出交友一定要亲近有德有才的人，如此，才能远离不端的品行，保持中庸正直之身。

（五）

【原典】

是以圣人不引五色，不淫于声乐；明君贱玩好而去淫丽。

——（战国）韩非《韩非子·解老》

【译文】因此，圣人远离纷繁艳丽之色的诱惑，不沉溺于声乐曲调；明道之君不看重奇珍异宝，反对铺张奢华。

（六）

【原典】

风斜雨急处，立得脚定。花浓柳艳处，着得眼高。路危径险处，回得头早。

——（明）洪应明《菜根谭》

【译文】在风斜雨急的变化中，要站稳自己的脚步；身处艳丽纷繁的声色中，要把眼光放长远，控制自我不致迷惑；处于前路不明的危险中，要头脑清醒，及早回头。

【国学常识】

"五音"与"十二律"

"五音"与"十二律"是我国古代音乐术语。"五音"又称"五声"，是最古老的音阶，按音高顺序排列分别为：宫、商、角、徵、羽。《周礼·春官》有"皆文之以五声，宫商角徵羽"。《孟子·离娄上》有"不以六律,不能正五音"。五声音阶的特色在于,它没有半音阶(小二度)音程,但是有"二变",角音与徵音之间有"变徵",羽音与宫音之间有"变宫"。五声音阶广泛流行于亚洲、非洲及中太平洋的一些群岛,匈牙利、苏格兰民间音乐中也有出现,常被称为"中国音阶"。在五声音阶中,分别以不同各音作为主音时,可构成不同的调式,调式名称是以音阶名命名的。比如以"宫"作为主音时,就称为宫调式,以此类推。

听琴图　明　张路

古人在确立五声音阶后,继续用"三分损益法"(即将发声管三分损一与三分益一),连续进行各六次之后,共得出十二个音,就是我们现在音乐上所使用的一个八度之内的十二个半音,古人称之为"十二律"。对这十二律再加以区分,分出了六个阳律和六个阴律,六个阳律称为"律",六个阴律称为"吕"。用"三分益一"产生的为阳,六阳律包括黄钟、太簇、姑洗、蕤(ruí)宾、夷则、亡射(wú yì);用"三分损一"产生的六阴吕包括林钟、南吕、应钟、大吕、夹钟、中吕。

【国学故事】

一叶蔽目，不见泰山

从前，楚国有一个书生，家里很穷。有一次，他在读淮南王刘安所著的《淮南子》时，看到书中提到："螳螂捕蝉时，用来遮蔽身体的那片树叶，可以帮助人隐身。"于是他就想："如果我能找到一片这样的叶子，不就可以隐身了吗？那好处可多着呢。"从这天起，他整天都在树林里转来转去，想寻找一片螳螂捕蝉时藏身用的叶子。这一天，终于被他看到一只螳螂藏在一片树叶下面，正准备捕捉它前面的蝉。书生高兴极了，一下子扑上去摘下了那片叶子，谁知由于他太激动了，没有拿稳，那片树叶掉落在地下，与满地的落叶混在一起，分辨不出来了。

书生找来一只簸箕，把地上的落叶全都带回家去一片一片地试。书生拿起一片树叶，遮住自己的眼睛，然后问妻子："你能看得见我吗？"妻子回答说："看得见。"于是他又举起另一片树叶问："你能看得见我吗？"如此反复。妻子一开始总是回答说"看得见"，后来妻子实在被他烦得受不了了，怕他继续问个没完，就随口答道："看不见了！"书生一听，喜出望外，连忙带着这片叶子到集市上去，拿了店家的东西就走。店主十分惊奇，把他抓住送往官府。

县官也觉得很奇怪，不明白书生为何敢在光天化日之下明目张胆地偷东西，便问他究竟是怎么回事。书生细说了原委，县官听后大笑道："真是一叶蔽目，不见泰山呀！"

叶子是微小的，但是当它遮住眼睛时，即使巍峨的"泰山"出现在面前，我们也会"视而不见"。小小的叶子，其实就是我们各种欲望的象征，当我们被欲望蒙蔽双眼，便再也看不到党纪国法、看不到礼义廉耻、看不到父母妻儿，只有时刻警惕欲望这片"叶子"，时刻擦亮双眼，看清正途，在人生路上才不会"一叶蔽目，不见泰山"。

经得起诱惑，稳得住心神

有研究机构根据47名落马贪官的供述，绘出了职务犯罪心理轨迹图：掌握权力——受到诱惑——"一念之差"——违法违纪。其要害环节就在这"受到诱惑"到"一念之差"之间。徐才厚、谷俊山等高级领导干部堕落为腐败分子，都是倒在了诱惑面前，因为"心神不稳"而一失足成千古恨。当前社会形势复杂，国际国内各种思潮纷繁，拜金主义、享乐主义、极端个人主义问题突出，各级党员领导干部更是"高危人群"，很容易受到诱惑腐蚀。习近平在同中央党校第一期县委书记研修班学员进行座谈时指出："各种诱惑、算计都冲着你来，各种讨好、捧杀都对着你去，往往会成为'围猎'的对象。"他要求县委书记要"把好权力关、金钱关、美色关"。作为党员领导干部，不论职务高低、权力大小，只有增强抵御诱惑的政治定力，时刻将习近平同志给领导干部算的"政治账""利益账""良心账"记在心里，经得起诱惑、守得住清贫、耐得住寂寞、稳得住心神、经得住考验，才能成为一名组织放心、群众称心、自己安心的好党员、好干部。

二、道就在心中

（一）

【原典】

知人者智，自知者明。胜人者有力，自胜者强。

——（春秋）老子《道德经》

【译文】能够认清他人，是一种智慧；能够认清自己，才可以称得上是圣明。有力量的人能够战胜别人，而能够战胜自己的人才是真正强大的人。

（二）

【原典】

孟子曰："仁，人心也；义，人路也。舍其路而弗由，放①其心而不知求，哀哉！人有鸡犬放，则知求之；有放心而不知求。学问之道无他，求其放心而已矣。"

——（战国）孟轲《孟子·告子上》

【注释】①放：失去。

【译文】孟子说："仁是人的本心，义是人的大道。放弃大道不走，失去了本心而不寻，这真是可悲呀！鸡狗走失了，人们还知道去找回来；本心失去了却不知道去寻求。学问之道啊，其实没有别的，不过就是把那失去了的仁心找回来罢了。"

（三）

【原典】

耳目之官不思，而蔽于物。物交物，则引之而已矣。心之官则思，思则得之，不思则不得也。此天之所与我者。先拉乎其大者，则其小者不能夺也。此为大人而已矣。

—— （战国）孟轲《孟子·告子上》

【译文】眼睛、耳朵这类器官不会思考，容易被外物蒙蔽。因为眼睛与耳朵一旦与外界利欲之事相接，精神便容易被引诱而驰于外。而心有思考的能力，思考就会有所得，不思考就毫无所得。这是上天赋予人的天生之性。所以，首先要把心这个最重要的东西挺立起来，那么眼睛与耳朵等次要器官就不会被引入迷途。如此，便可成为明道的君子了。

（四）

【原典】

故曰，口之于味也，有同耆①焉；耳之于声也，有同听焉；目之于色也，有同美焉。至于心，独无所同然乎？心之所同然者何也？谓理也，义也。圣人先得我心之所同然耳。故理义之悦我心，犹刍豢②之悦我口。

—— （战国）孟轲《孟子·告子上》

【注释】①耆（shì）：通"嗜"，嗜好、偏好。
②刍豢（huàn）：泛指家畜。
【译文】因此，说到口味，天下人的口味都有相同的嗜好；说到

声音，天下人的听觉都有相同的偏好；说到外表，天下人的审美都有相同的期待。可说到心，难道偏偏就没有共同之处了吗？人心所向之处又在哪里呢？人心的共同之处在理、在义。圣人不过就是比我们先掌握了人心共同的理和义罢了。所以，理义使我们的内心愉悦高兴，就像牛羊等肉食使我们觉得美味一样。

（五）

【原典】

故知之难，不在见人，在自见，故曰："自见之谓明。"

——（战国）韩非《韩非子·喻老》

【译文】 因此，认识别人并不困难，难的在于能否看清自己，所以说："能认识自己才是明智之人。"

（六）

【原典】

人孰无心，道不外索。

——（南宋）陆九渊《陆九渊集》

【译文】 人人都有心，道无需向外求，就在心中。

（七）

【原典】

人心有病，须是剥落。剥落得一番，即一番清明。

——（南宋）陆九渊《陆九渊集》

【译文】 人心皆有欲望，想要去欲必须修习"剥落"的功夫。尽其心"剥落"，那么便自然能发明本心、保持善心。

【国学常识】

三纲领八条目

"三纲领八条目"是朱熹对《大学》的中心内容、中心思想的概括。朱熹在《大学章句》中,把《大学》中提出的"明明德""亲民""止于至善"这三者统称为"大学之纲领",把"格物""致知""诚意""正心""修身""齐家""治国""平天下"这八项称为"大学之条目",后人并称为"三纲领八条目",简称"三纲八月"。

"三纲领"是大学教育要达到的目标,它要求所有人都能从明白自身的本性做起,再推己及人达到能"亲民""安人",最终在道德修养上达到至善至美的境地,从而使整个社会道德趋于完善。它是一个由低级到高级、由个体到群体再到整个社会的层层递进的完整体系,表达了儒家以教化为手段达到礼教德政目标的主张。为了实现所提目标,《大学》提出了八个具体的步骤,即"八条目"。

【国学故事】

邯郸学步

战国的时候,燕国有个青年人,听说赵国都城邯郸那里的人特别有风度,走起路来不紧不慢、潇洒优雅,姿势特别好看。于是这个燕国青年决心要到赵国去,学习邯郸人走路。他告别家人,带上盘缠,经过长途跋涉,终于赶到了邯郸。

来到邯郸的大街上,看着熙熙攘攘的人群,燕国青年呆住了,这里的每一个人走路都那么好看,让人羡慕万分,再看看自己,都不好意思迈步了。正当燕国青年看来看去不知从何学起时,刚好发现迎面走来一个赵国青年，身高、年龄、体型都和自己相仿，走起路来也是风度翩翩。于是燕国青年便拿定主意，跟在这个赵国青年后面模仿，他迈左脚，自己也迈左脚，他迈右脚，自己也迈右脚。燕国青年一边看、一边模仿，还要躲避迎面而来的人，一个不小心，就乱了左右，更顾不上什么姿势了。眼看着赵国青年越走越远，自己渐渐跟不上了，他只好停下来。接着，他又盯住了一个年纪稍大、走路较慢的人，跟在别人身后亦步亦趋地学走路，引得来往的行人都停下脚步观看。就这样，燕国青年每天都去街上模仿别人走路，几天下来，虽然累得腰酸腿痛，但总是学得不像。

邯郸市学步广场的"邯郸学步"雕塑

　　燕国青年苦思冥想，最后认定，肯定是因为自己习惯了原来的姿势和步法，所以才一直学不像。于是，他下定决心彻底舍弃掉自己原来习惯的走法，从零开始重新学习走路，一定要把邯郸人的步法学会。

可是，又过了好几个月，燕国青年越学越差劲，不仅邯郸人的步法没学会，还把自己原来是怎么走路的全忘了。眼看着带来的盘缠花光，却一无所获，燕国青年十分沮丧，只好回家。可是他又忘了自己原来是怎么走路的，竟然迈不开步子了，最终只能爬着回去。

【现实启悟】

立一颗"为人民矢志奋斗的心"

想学别人走路，就会想学别人说话、想学别人的心思。喜欢学习、见贤思齐固然是好，但若在学习模仿别人的过程中，迷失了自我、丢掉了本真，就得不偿失了。而若是所学非人，危害就会更大。所以，我们在学习修养的过程中，应当善于甄别、发明本心，有"六经注我"的气魄，不断以所学求证于本心，这样才能有所获而不致反受其害。

古人所谓治国必先修身，修身必先治心，也正是此意。习近平多次提出，理想信念是共产党人的精神之"钙"，缺钙就要得"软骨病"。他在 2014 年 5 月 8 日同中央办公厅各单位班子成员和干部职工代表座谈时指出："没有理想和信仰，不可能为党、为国家、为人民作出牺牲，共产党员应该为理想而奋不顾身去拼搏、去奋斗、去牺牲。同样，奉献有小奉献，也有大奉献。现在，有些人觉得自己当公务员收入不高，约束又多，同在企业工作或下海经商相比牺牲了很多，认为这就是奉献了。客观地说，这也是奉献，但这种奉献只是站在个人角度来认识的。我们共产党人讲奉献，就要有一颗为党为人民矢志奋斗的心，有了这颗心，就会'痛并快乐着'，再怎么艰苦也是美的、再怎么付出也是甜的，就不会患得患失。"

三、执其两端而用其中

（一）

【原典】

中正以观天下。

——战国《周易·观》

【译文】 要以中正之道，作为观察天下万物的准则。

（二）

【原典】

夫回能仁而不能反^①，赐能辨而不能讷，由能勇而不能怯^②，师能庄而不能同^③。兼四子之有以易吾，吾弗许也。此其所以事吾而不贰也。

——（战国）列御寇《列子·仲尼篇》

【注释】 ①反：变通。

②怯：胆小，畏缩。这里指在必要时的退让。

③同：谦逊随和，与人合群。

【译文】 颜回能以仁爱之心待人，却不懂得适时变通；子贡巧言善辩，却不懂得适时保持沉默；子路为人勇敢，却不知道适时退让；

子张为人严肃庄重，却不能适时随和谦同。即使把他们四个人的长处合起来交换我的长处，我也不会答应的。这就是他们拜我为师而从不三心二意的原因。

（三）

【原典】

　　仲尼曰："君子中庸，小人反中庸。君子之中庸也，君子而时中；小人之反中庸也，小人而无忌惮也。"

——《礼记·中庸》

【译文】孔子说："君子的一言一行都合乎中庸之道。小人的所作所为都违反中庸之道。君子之所以能合乎中庸之道，是因为君子能时时事事坚守中道，无过无不及；小人之所以违反中庸之道，是因为小人无所顾忌、肆意妄为。"

（四）

【原典】

　　子曰："天下国家可均也，爵禄可辞也，白刃可蹈也，中庸不可能也。"

——《礼记·中庸》

【译文】孔子说："天下国家可以治理好，官爵俸禄可以推辞不受，雪白的刀刃可以踩踏而过，但想要恪守中庸之道却太难做到。"

（五）

【原典】

　　喜怒哀乐之未发，谓之中；发而皆中节，谓之和。中也者，天下之大本也；和也者，天下之达道也。致中和，天地位焉，万物育焉。

——《礼记·中庸》

【译文】 当一个人的喜怒哀乐还没有表现出来的时候，就叫作"中"；当喜怒哀乐以合乎天道节度的方式表达出来，就叫作"和"。"中"，是天下之根本；"和"，是通行天下的原则。只有达到"中"与"和"的境界，天地万物便各守其位，万物便生长繁荣。

（六）

【原典】

进退有度，左右有局。

——《礼记·曲礼》

【译文】 前进或后退都要掌握好尺度，向左行或向右行都要有界限。

【国学常识】

十六字心传

《尚书·大禹谟》中载有"人心惟危，道心惟微，惟精惟一，允执厥中"。大致可理解为，人心危险难安，道心幽微难明，只有精心一意，诚恳地秉执中正之道，才能治理好国家。据传，这十六个字源于尧舜禹禅让的故事。当尧把首领之位传给舜、舜把首领之位传给禹的时候，所托付的是天下与百姓的重任，而谆谆嘱咐、代代相传的就是这十六个字，这是尧舜禹修身养性、静定得道的所谓"心法"，传承过程也是以心传心，因此也称为"十六字心传"。后来儒家主张根据这十六个字去治理国家、教化人民。到宋代，经理学家发挥，成为儒家心性论的重要内容。

位于江苏淮安金湖的尧帝塑像

【国学故事】

宥坐之器

从前孔子到鲁桓公的庙堂上去参拜，看到一个样子奇特、倾斜易覆的器皿，孔子便问守庙的人："这是什么器皿呢?"守庙的人回答说："这是过去君王放在座位右侧，用来警戒自己的器皿，也叫敧器。"

孔子说："哦，是的。我曾听说过这样的器皿，空了它便倾斜，水位适中时它就端正，水太满了它就会倾覆。英明的君主以此来作为最好的警戒，所以常常将它放置于座位的右边来提醒自己。"说完，孔子便对身边的弟子说："倒水进去试试看。"于是，一位弟子慢慢把水灌了进去，果然，水淹没到中部时，器皿便摆正了，然而继续加满，它就倾覆了，水全都洒了出来。

孔子看了，叹息道："唉！一切事物哪有灌满了而不翻倒的道理呢？"子路疑惑不解，进一步问道："敢问夫子，要保持满而不覆的状态，有什么办法吗？"孔子回答说："聪明和高深的智慧，要用愚钝的方法来保持它；功劳遍及天下，要用谦让来保持它；勇力盖世，要用胆怯来保持它；富足而拥有四海，要用节俭来保持它。这就是抑制自满的方法。"

【现实启悟】

要知晓为官做事的尺度

为官做事，为人处世，行动取舍都不可失度，失度便会乱套、便会坏事、便会受到惩罚。饮食无度，便会伤身；荒淫无度，必致误国；贪婪无度，可能招来杀身之祸；玩笑无度，会伤感情，甚至与人结怨。近年来，一些人在物质的利诱下，在多种价值观的影响下，行为失据，心理失衡，做事失度。习近平在省部级主要领导干部学习贯彻全面推进依法治国专题研讨班上强调，各级领导干部要明白"什么事能干、什么事不能干"，要"心中高悬法律的明镜，手中紧握法律的戒尺，知晓为官做事的尺度"。法律是外在的尺度，每个党员领导干部的内心也要有一个尺度。只有在遵守党纪国法的前提下，行"中道"，"致中和"，做事不偏不倚、待人不卑不亢、为官进退有节，知道能不能干、需要干到什么程度，不"用力不足"，也不"发力过猛"，才能处理好各方面的关系，推进工作生活乃至社会和谐发展。

四、尽心知性知天

（一）

【原典】

穷理尽性以至于命。

——战国《周易·说卦》

【译文】 竭力探究天下万物之理，发明洞悉人心之本性，以使天地万物和人的行为遵循天命。

（二）

【原典】

孟子曰："尽其心者，知其性也。知其性，则知天矣。存其心，养其性，所以事天也。"

——（战国）孟轲《孟子·尽心上》

【译文】 孟子说："尽力发挥人的善良的本心，就能领悟到人之为人的本性，领悟到了人的本性，就是懂得了天命。保持好人的心，涵养好人的本性，就能以此来侍奉上天了。"

（三）

【原典】

仁义忠信，乐善不倦，此天爵①也。

——（战国）孟轲《孟子·告子上》

【注释】 ①天爵：与"人爵"（人世间的爵位）相对，指上天赐给德高之人的爵位，意思是有德君子受人尊敬，胜于人间的爵位。

【译文】 仁爱、义理、忠心、诚信，行善且乐此不疲，这是上天赐予的爵位。

（四）

【原典】

人见其禽兽也，而以为未尝有才焉者，是岂人之情也哉？故苟得其养，无物不长；苟失其养，无物不消。孔子曰："操则存，舍则亡；出入无时，莫知其乡①。"惟心之谓与？

——（战国）孟轲《孟子·告子上》

【注释】 ①乡：居住的意思。

【译文】 人们看到有些人的作为与禽兽无异，还以为他们天生就没有仁义之心，难道这些人的本性就是如此吗？因此说，如果得到足够的滋养，万物就会生长繁茂；如果失去滋养，那任何事物都会消亡。孔子说："把握守持就能存在，放任丢弃就会失去；出入没有定时，没有人知道它处于何方。"这说的就是人心吧？

（五）

【原典】

天命之谓性，率性之谓道，修道之谓教。

——《礼记·中庸》

【译文】上天赋予人的自然禀赋就是"性"，人遵循自己的本性行事就是"道"，人依照"道"的规律涵养自身就是"教"。

（六）

【原典】

诚者，天之道也；诚之者，人之道也。诚者，不勉而中，不思而得，从容中道，圣人也。诚之者，择善而固执之者也。

——《礼记·中庸》

【译文】"诚"，是上天的原则；追求"诚"，是做人的原则。天生真诚之人，不用勉力而为就能达到目的，不用思索就会有所得，自然而然就能符合中庸之道，这是圣人啊。努力做到真诚的人，就是要朝着真善美好的目标，执着追求的人。

（七）

【原典】

人要宽厚包容，却要分限严。分限不严，则事不可立，人得而侮之矣。

——（元）许衡《鲁斋遗书》

【译文】做人要宽容敦厚、善于包容他人，但同时也要有原则、有底线。如果没能坚持原则，那么举事就无法成功，他人就会逾越你的底线而欺侮你。

【国学常识】

君子三戒

《论语·季氏》中说："君子有三戒：少之时，血气未定，戒之在色；及其壮也，血气方刚，戒之在斗；及其老也，血气既衰，戒之在得。"意思是，君子有三种事情应警惕戒除：年少的时候，血气还不成熟，要戒除对女色的迷恋；等到身体成熟了，血气方刚，要戒除与他人争斗；等到老年，血气已经衰弱了，要戒除贪得无厌。这便是后人所谓的"君子三戒"。这三戒不仅是孔子提示的在不同年龄阶段需要注意的问题、应当避免的错误，也反映了孔子对于青、壮、老三个阶段不同身体、心理状况的理解认识：青年时容易受欲望的控制，壮年时容易被情绪所左右，老年时因为盛年不再、身体衰弱所以容易为得失所困扰。看似是"三戒"，其实是对人不同状况的深切关怀。后来，也有人认为这"三戒"其实是孔子的养生思想，孔子虽然一生困厄，但终年 73 岁，比同时期大部分人都长寿，也有"三戒"等修养功夫的影响。

【国学故事】

许衡"心主"

许衡，字仲平，号鲁斋，是元代著名的理学家、教育家。官至中书左丞、集贤大学士兼国子祭酒，曾与郭守敬一道编修《授时历》，著有《读易私言》《鲁斋遗书》等。

许衡生于宋末元初，当时虽兵荒马乱、干戈扰攘、民生凋敝，但许衡仍坚持日读夜思，通晓《尚书》《易经》以及二程与朱熹的

许衡墓

著作，并且身体力行。许衡以其品德、言行、学问备受人们推崇，被后人誉为"元朝一人"。

有一个关于他"心主"的小故事，说是有一年夏天，许衡路经河南，当时天气很热，路人都口干舌燥。许衡一行人停下来坐在路旁歇息，正好发现旁边有一棵梨树，于是大家就纷纷抢着去摘梨子解渴，唯独许衡没有去摘梨吃，而是独自一人在那儿端正地坐着，也不看别人。

有一个人觉得他很奇怪，好心地问他："天这么热，待会儿还要赶路，你为什么不去吃个梨子解解渴呢？"许衡说："梨树不是我种的，不是自己的东西，是不可以随意拿来吃的。"

那个人又提醒他说："这有什么呀，梨树虽然不是我们的，但是现在天下已经大乱了，梨树的主人早就不知道跑到哪里去了，这树现在是没有主人的呀！"

许衡依旧不为所动，反问道："虽然天下大乱、纲常败坏，可是梨树现在没有主人，难道我的心也没有主了吗？"最终他也没有去摘梨来吃。

后来，人们听说了这件事，纷纷赞赏许衡"心有主"。而许衡居住的村子的人，也都受他影响，果树上的果实就算熟透了掉在地上，也没有人去捡，连小孩子经过，都是看也不看一眼就走了。

【现实启悟】

保持政治定力，增强战略定力

社会越来越发展，可是人心却往往越来越失去控制，"夜不闭户、路不拾遗"成为一种理想。当没有外界约束时，我们每个人能否像许衡那样经受住考验？能否坚持自己的原则，而不随波逐流？或许只有像许衡一样，时刻记着"我心有主"，有一颗坚定的心，才能拥有强大精神力量，才能不论"风吹雨打"，我自"岿然不动"。

政治定力反映的是政治信仰、政治立场、政治态度、政治纪律，战略定力反映的是在认清宏观走势基础上的宽阔视野、战略睿智以及沉着冷静的行动能力，二者密切相关。一个人如果缺乏政治定力，就会随波逐流，经不起各种风险和诱惑的考验，最终难免误入歧途；如果缺乏战略定力，就会导致思想上的患得患失、行动上的犹豫不决，最终丧失行动能力、错失良机。

五、以行道为己任

（一）

【原典】

士不可以不弘毅，任重而道远。仁以为己任，不亦重乎？死而后已，不亦远乎？

——春秋《论语·泰伯》

【译文】读书人不可不志向高远、意志坚强，因为他们肩负行道之重任，行道之路又十分遥远。读书人把实现仁道作为自己的责任，这份责任还不够重大吗？读书人因此而奋斗终身、至死不渝，这条道路还不够遥远吗？

（二）

【原典】

象曰：天行健，君子以自强不息。

——战国《周易·乾》

【译文】《象传》中说：天道的运行刚强劲健，君子应效法天道，自强不息、奋斗不已。

（三）

【原典】

孟子曰：“仁之胜不仁也，犹水胜火。今之为仁者，犹以一杯水救一车薪之火也，不熄，则谓之水不胜火。此又与于不仁之甚者也，亦终必亡而已矣。”

——（战国）孟轲《孟子·告子上》

【译文】 孟子说：“仁能胜过不仁，就好比水可以灭火一样。可如今奉行仁道的人，却如同用一小杯水去灭一车柴草燃起的大火，灭不了火，便说水不能灭火。这种说法大大助长了那些不仁之人的气焰，而且连他们原本奉行的一点点仁德都会丧失掉。”

（四）

【原典】

君子进则能益上之誉而损下之忧。不能而居之，诬也；无能而厚受之，窃也。

——战国《荀子·大略》

【译文】 君子为官，就应该维护好君王的声誉，减少下辖百姓的愁苦。如果连这一点能力都没有，却还占据着官位，这种行为就等同于欺骗；一方面没有做官的能力，另一方面还享受朝廷给予的丰厚俸禄，那就无异于盗窃了。

（五）

【原典】

路漫漫其修远兮，吾将上下而求索。

——（战国）屈原《楚辞·离骚》

【译文】摆在我面前的道路既幽暗又长远，但我将百折不挠、不遗余力地去探索和追寻那理想之道。

（六）

【原典】

盖文王拘而演《周易》；仲尼厄而作《春秋》；屈原放逐，乃赋《离骚》；左丘失明，厥有《国语》；孙子膑脚，《兵法》修列；不韦迁蜀，世传《吕览》；韩非囚秦，《说难》《孤愤》；《诗》三百篇，大抵圣贤发愤之所为作也。

——（西汉）司马迁《报任安书》

【译文】周文王被拘禁而写成了《周易》；孔夫子受困而作成了《春秋》；屈原被放逐，才写出了《离骚》；左丘明失去了视力，才有了《国语》；孙膑被挖去膝盖骨，才撰写出了《兵法》；吕不韦被贬谪到蜀地，才有了传世之作《吕氏春秋》；韩非子被囚禁在秦国，才写出《说难》《孤愤》；《诗》三百篇，大都是圣贤抒发愤慨之情而作。

【国学常识】

孔门"四科"与"十哲"

关于"孔门四科"的内容，有两种说法，一种是《论语·述而》中所说："子以四教：文、行、忠、信。"意思是说孔子教授学生文、行、忠、信这四个方面的内容；另一种是《论语·先进》上记载："德行：颜渊，闵子骞，冉伯牛，仲弓；言语：宰我，子贡；政事：冉有，季路；文学：子游，子夏。"这是孔子评价自己教过的几位学生在这四个方面有优异的表现。根据《史记·孔子世家》记载，孔子以诗、书、礼、乐教，有弟子三千多人，身通"六艺"者七十二人，后世称为"孔门七十二贤"。孔子因材施教，循循善诱，十分重视学生的个别差异，依据学生不同的性格和才能来教导他们，最终大致分为这德行、言语、政事、文学"四科"。所以更多后世学者将其称为"孔门四科"。而这里提到的颜渊等这十个各科中表现最优异的学生，则被后人合称为"孔门十哲"。

【国学故事】

墨子训徒

春秋战国时期，墨家学派的创始人墨子有一个得意门生，名叫耕柱。耕柱非常有才华，能够马上理解老师的意思，学东西很快也很勤奋。在墨子的众多门生

万世师表之七十二贤像

之中，大家公认耕柱是最优秀的，以后肯定能继承墨子的衣钵。

不过，即使耕柱这么优秀，还是经常受到墨子的责骂。

有一次，因为一件小事，墨子当众责骂了耕柱。耕柱觉得非常委屈，而且非常没有面子。他想来想去怎么也想不通，于是找了个机会去问墨子。

耕柱愤愤不平地问墨子："老师，这么多学生当中，为什么唯有我天天受到责骂？难道我就如此差劲，以至于不论怎么做，您老人家都不能满意吗？"

　　墨子听了他的话，并没有直接回答，而是不动声色地问他："假如我现在要上太行山，依你之见，我应该是去找一匹好马来拉车呢，还是去用一头老黄牛来拖车？"

　　耕柱不明白老师是什么意思，但仍然答道："这不是明摆的事吗？再笨的人也知道要找一匹好马来拉车啊。"

　　墨子又追问："那么，大家为什么不选择老黄牛呢？"

　　耕柱回答说："理由很简单啊，因为好马才能够走山路、拉重车，值得驱使呀。"

　　墨子说："你回答得非常正确。那么刚才你问我的问题也有答案了：我之所以时常责骂你，在众多弟子中对你要求最高，也正是因为看出来你能够担负重任，值得我一再地教导与匡正啊。"

　　所谓"能者多劳"，能力越大，责任便也越大。无论是治国齐家，还是修身立德，都可谓任重道远。所以拥有一颗"向道"之心的关键，还在于对自己有较高的要求，时刻以行道为己任。

【现实启悟】

以中国的繁荣昌盛为己任

　　2015 年 7 月 24 日，中华全国青年联合会第十二届委员会全体会议、中华全国学生联合会第二十六次代表大会开幕，习近平在发来的贺信中说道："国家的前途，民族的命运，人民的幸福，是当代中国青年必须和必将承担的重任……当代中国青年要有所作为，就必须投身人民的伟大奋斗。""前进要奋力，干事要努力。"习近平对青年的希望如此，对各级党员领导干部的要求更是如此。2015 年 10 月 29 日，习近平在十八届五中全会上作《中共中央关于制定国民经济和社会发展第十三个五年规划的建议》的说明时，强调党的十八届五中全会重点研究"十三五"规划建议问题并提出建议，对坚持和发展中国特色社会主义，实现"两个一百年"的奋斗目标，实现中华民族伟大复兴的中国梦，具有十分重要的意义。"功崇惟志，业广惟勤"，面对浩浩荡荡的时代潮流，面对人民群众过上更好生活的殷切期待，各级党员领导干部不能有丝毫自满，不能有丝毫懈怠，必须再接再厉、一往无前，以中国的繁荣昌盛为己任，继续把中国特色社会主义事业推向前进，继续为实现中华民族伟大复兴的中国梦而努力奋斗。

第八篇 道统心传

　　"道统"观念由唐代的韩愈提出，但其实它是自孔子以来的一贯思想。《论语·尧曰》中，孔子在谈到尧、舜、禹的传承时说："尧曰：'咨，尔舜！天之历数在尔躬，允执其中。四海困穷，天禄永终。'舜亦以命禹。"后来孟子说："由尧、舜至于汤""由汤至于文王""由文王至于孔子"，各"五百有馀岁"，"由孔子而来至于今，百有馀岁，去圣人之世，若此其未远也，近圣人之居，若此其甚也。"隐然以继承孔子自任，可以说是"道统"的滥觞。韩愈为了扬儒抑佛，仿照佛教的法统论，提出儒家的道统谱系。他在《原道》中说："尧以是传之舜，舜以是传之禹，禹以是传之汤，汤以是传之文、武、周公，文、武、周公传之孔子，孔子传之孟轲。轲之死，不及其传焉。"所以他有"接续道统"之愿。朱熹在《四书集注·中庸章句序》中最终明确了道统概念，认为"盖自上古圣神继天立极，而道统之传有自来矣"。

　　"道统"说白了，就是所谓"道"的传承系统，它一方面是历史性的，另一方面也是逻辑性的。所以虽然各家对"道统"传承序列说法各异，但是在其逻辑、义理的维度，还是基本都认同道统传承是以"仁义道德"为核心的。同时，道统又与"学统""政统"等有内在的联系，其传承也限于学者与为政者中，因而从"学"的角度，要清楚先王立教传至周公、孔子及以下，了解大致的传承序列，这样我们才能知道先王之"道"是如何一步步演变流传至今天，能够知其然知其所以然；从"政"的角度应当理解"道"之传承中蕴含的治国安邦理想。"道统"的传承主要靠一代代学人"乐道"，表现为天地长存的一种"浩然正气"，并激发了一种自觉行道的弘道意识。

一、知其然知其所以然

（一）

【原典】

先王之书，心之敬执也，而众人不知也。故有事，事也；毋事，亦事也。

——（春秋）管仲《管子·枢言》

【译文】先王的书，我内心十分崇敬仰慕，但一般人并不明了其中的奥妙真谛。所以，忙碌的时候，我要诚心敬读；空闲的时候，也要诚心敬读。

（二）

【原典】

学而不思则罔，思而不学则殆。

——春秋《论语·为政》

【译文】只读书学习，不积极、独立地思考，就会迷惘无知；只思考，不读书学习，就会疑惑不解。

（三）

【原典】

知之为知之，不知为不知，是知也。

——春秋《论语·为政》

【译文】对于任何事情，知道就是知道，不知道就是不知道，不要不懂装懂，这才是真正的明智。

（四）

【原典】

知而好问，然后能才。

——（战国）荀况《荀子·儒效》

【译文】聪明之人必得善于发现问题、提出问题，才能成就大才。

（五）

【原典】

故不登高山，不知天之高也；不临深溪，不知地之厚也；不闻先王之遗言，不知学问之大也。

——（战国）荀况《荀子·劝学》

【译文】所以，不登上高山，不知道天有多高；不走近深谷，不知道大地有多宽厚；不学习古代帝王圣贤的遗教，不知道世间学问有多博大。

（六）

【原典】

博学之，审问之，慎思之，明辨之，笃行之。

——《礼记·中庸》

【译文】广博地学习知识，详细地提出问题，周密地思考研究，明晰地分辨事物，笃诚地实践躬行。

（七）

【原典】

古之学者必有师。师者，所以传道受业解惑也。人非生而知之者，孰能无惑？惑而不从师，其为惑也，终不解矣。

——（唐）韩愈《师说》

【译文】古代治学求道之人一定有老师。所谓老师，就是传授道理、教授学业、答疑解惑之人。人不可能生下来就懂得世间所有的道理，谁又能没有困惑呢？有困惑却不向老师提问，不跟从老师学习，那么他内心所存的困惑，将始终无法得到解决。

（八）

【原典】

知不足者好学，耻下问者自满。

——（北宋）林逋《省心录》

【译文】知道自己不足之处的人，会通过努力学习加以改进；以向他人请教为耻的人，就容易骄傲自满。

天人治要

三皇五帝

"三皇五帝"是传说中中国上古时代几位最有名的部落联盟首领的合称。最早的时候，"帝"指的是宇宙万物至高无上的主宰者，天帝；"皇"的原意是"大"和"美"，不作名词用，战国末期，因天帝的"帝"字常被混作为人间君主的称呼，于是逐渐也用"皇"字来称天帝。"五帝"说最早形成于战国时期，源于秦国的"四方帝"之说。"三皇"的提法则到战国末期才出现，一般指天皇、地皇、泰皇或人皇，《楚辞》中也有西皇、东皇、上皇等说法。秦始皇为表示其地位崇高无比，"德兼三皇，功高五帝"，将两字合起来，自称"皇帝"，从此天子也称为皇帝。

一般认为，"三皇"时代距今更为遥远，在五千年至七八千年以前，甚至更为久远；而"五帝"的时代则距夏朝不远，大约在距今四千多年前。不同史家对"三皇五帝"有不同的定义。流传较广的，"三皇"有八说，"五帝"有六说。其中最有影响力的，《尚书大传》中认为"三皇"指燧人、伏羲、神农，《三字经》中则称伏羲、神农、黄帝为"三皇"。《礼记》中将黄帝、颛顼、帝喾、尧、舜列为"五帝"，孔颖达《尚书序》列少昊、颛顼、帝喾、尧、舜为"五帝"。

【国学故事】

程门立雪

北宋的时候，有个叫杨时的人，特别喜欢钻研学问，到处寻师访友，曾在洛阳著名理学家程颢门下学习。他非常用功，以至于当他要离开洛阳回到南方的时候，程颢感叹说："吾道南矣！"后来杨时中了进士，也不太热衷于做官，仍然致力于研究学问。那个时候他已经40岁了，程颢已经去世了，所以他就师从程颢的弟弟程颐学习。

杨时那时学问已经相当高了，但他仍然谦虚谨慎，尊师敬友。有一次，他和一个朋友相约到程颐家里请教问题。两人到了程颐家，守门的人说，老师正在屋里睡午觉。他们不愿打扰老师休息，于是就一声不响地站在门外等着。这时天上突然下起了鹅毛大雪，寒风呼号，雪花飞舞，两人冻得浑身发抖，但是他们仍然站立在门外等候。等到程颐醒过来，才知道两人已经在门外等了好久，赶快叫他们进来。这个时候，两人已经变成了"雪人"，门外的雪也积得有一尺厚了。

河南洛阳程门立雪遗址

后来，杨时在程颐的悉心教导下，学问更上一层楼，尽得"二程"的真传，形成了自己的学派，成为全国有名的学者，许多学子不远千里地来拜他为老师，大家尊称他为"龟山先生"。

杨时"程门立雪"，体现了对老师的尊重，后来人们也用"程门立雪"这个典故，来赞扬那些诚心求学、尊师重道的学子。

老师是知识的传递者、道统的延续者，正是通过老师，文明之火、"道"的种子才能传到今天。尊重老师，其实也就是尊重知识、尊重道统。

【现实启悟】

留住历史根脉，传承中华文明

没有伏羲作卦便没有文王演易，没有周公制礼便没有孔子"复礼"。一代代往圣先贤的努力推动、继承扬弃、逐步厚积，才有了我们今天绚烂多彩的中国传统文化。当代中国是历史中国的延续和发展，当代中国思想文化也是中国传统思想文化的传承和升华，中国共产党人不是历史虚无主义者，也不是文化虚无主义者，要把握当代中国的脉搏，要解决世界性的难题，就需要我们从优秀传统文化中寻找营养。我们尊重传统，但是不能盲从，传统文化在其形成和发展过程中，不可避免会受到当时人们的认识水平、时代条件、社会制度的局限性的制约和影响，因而也不可避免会存在陈旧过时或已成为糟粕的东西。正如习近平在纪念孔子诞辰大会上所说：只有"在学习、研究、应用传统文化时坚持古为今用、推陈出新，结合新的实践和时代要求进行正确取舍"，"坚持古为今用、以古鉴今，坚持有鉴别的对待、有扬弃的继承"，才能"努力实现传统文化的创造性转化、创新性发展，使之与现实文化相融相通，共同服务以文化人的时代任务"。只有知其然知其所以然，才能在真正意义上留住根脉、传承文明。

二、仕者必为学

（一）

【原典】

人而不学，其犹正墙面而立。

——春秋《尚书·周官》

【译文】一个人如果不学习，就像面朝着墙壁站着一样，什么东西也看不见。

（二）

【原典】

吾生也有涯，而知也无涯。

——（战国）庄周《庄子·养生主》

【译文】我的生命是有限的，但知识的边界是无限的。

（三）

【原典】

是故无冥冥之志者无昭昭之明；无惛惛之事者无赫赫之功。

——（战国）荀况《荀子·劝学》

【译文】因此，没有努力为学、刻苦钻研的心志，就不会有清明的智慧；没有埋头苦干、踏踏实实的实践，就不会有巨大的成就。

（四）

【原典】

玉不琢，不成器。人不学，不知道。

——《礼记·学记》

【译文】玉石不经过雕琢打磨，就不能成为一件精美的器物。人不刻苦钻研，就不明白天道仁道。

（五）

【原典】

学所以益才也，砺所以致刃也。

——（西汉）刘向《说苑·建本》

【译文】要想增加才识和能力，就要刻苦学习；要使刀刃尖锐锋利，就得勤加磨砺。

（六）

【原典】

非学无以广才，非志无以成学。

——（三国蜀）诸葛亮《诫子书》

【译文】不努力学习，才识和能力就难以提高；没有高远的志向，学业和事业难以有成。

（七）

【原典】

业精于勤，荒于嬉；行成于思，毁于随。

——（唐）韩愈《进学解》

【译文】学业事业由于勤奋钻研而精通深邃，由于纵情玩乐而日渐荒废；德行修习由于独立思考而有所提高，由于因循随俗而日渐败坏。

（八）

【原典】

古人学问无遗力，少壮工夫老始成。

——（南宋）陆游《冬夜读书示子聿》

【译文】古人总是竭尽全力地治学求道，只有少年时代努力钻研、刻苦学习，将来才能成就一番事业。

【国学常识】

韩愈与"古文运动"

韩愈，字退之，世称"韩昌黎""昌黎先生"，唐代杰出的文学家、思想家。

韩愈历任节度推官、监察御史、中书舍人、吏部侍郎等职，是唐代"古文运动"的倡导者，被后人尊为"唐宋八大家"之首，与柳宗元并称"韩柳"，有"文章巨公""百代文宗"之名。苏轼称他"文起八代之衰，道济天下之溺"。也有人将其与柳宗元、欧阳修和苏轼合称为"千古文章四大家"。他提出的"文道合一""气盛言

河南焦作孟州韩愈雕塑

宜""务去陈言""文从字顺"等写作理论，对后人有重要的指导
意义。

"古文运动"是指唐代中期由韩愈最先提出的以提倡古文、反对
骈文为特点的文体改革运动，因涉及文学思想内容，所以兼有思想

运动和社会运动的性质。所谓"骈文",是指六朝以来讲究排偶、辞藻、音律、典故的文体。所谓"古文",是相对骈文而言的先秦和汉朝的散文,特点是质朴自由,以散行单句为主,不受格式拘束,有利于反映现实生活、表达思想。南北朝以后,文坛上盛行骈文,其中虽有优秀作品,但大量是形式僵化、内容空洞的文章,流于形式,华而不实,不适用。

韩愈提倡古文,目的在于恢复古代的儒学道统,将改革文风与复兴儒学相辅相成。"古文运动"得到了柳宗元等人的大力支持,后来宋代的欧阳修、王安石、曾巩、苏洵、苏轼、苏辙等人也都继承了"韩柳"的这一传统。

【国学故事】

书读百遍,其义自见

三国时候,魏国有一个叫董遇的人,自幼生活贫苦,不是上山砍柴就是下地干活,整日为了生活而奔波。但是,他只要一有空闲时间,就赶紧坐下来读书学习,有人嘲笑他,他也不在乎。时间一久,他的知识就很渊博了,后来还写出了两本书,引起了轰动。

附近的人纷纷前来求教,并问他是如何学习的。董遇告诉他们说:"冬者,岁之余;夜者,日之余;阴雨者,时之余。"意思是说学习要善于利用"三余",也就是三种空闲时间:冬天是一年之余,晚上是一天之余,雨天则是平日之余。别人又问他读书有什么窍门,他回答:"书读百遍,其义自见。"意思是说,书读的次数多了,其意思就自然而然显露出来了,也自然而然明白了。人们听了,恍然大悟。

董遇的行为给我们树立了榜样。读书学习,老师引导、学习方法固然重要,但是更重要的是个人的努力。所谓"师傅领进门,修行在个人"。

【现实启悟】

学习学习再学习

只有努力学、不断学、抓住一切机会抽出一切时间学，才能学有所成。现在有些人总是找各种各样的借口："忙于谋生活""工作压力大""没有时间学"……其实，只要自己肯学，时间总是可以挤出来的。雷锋说："时间就像海绵里的水，挤一挤总会有的。"很朴实也很真实。还有一个著名的"三八理论"，就是一个普通成年人的一天应该分为"三个八"：八小时工作、八小时睡觉、八小时自由时间。前面两个"八"，大多数人都是一样的，人与人之间最大的不同，就在于剩下的八小时怎么度过，而这自由支配的八小时，也决定了人与人最终的不同。"书读百遍，其义自见"，时时学习、处处学习、坚持学习，最终的"成效"，也会"自现"。

党的十八大明确提出"建设学习型、服务型、创新型的马克思主义执政党"的重大战略目标，将"学习型"摆在首位。"倡导全民阅读，建设书香社会"也被写入了政府工作报告。每一个公民应当自觉读书学习，每一位党员领导干部更需要努力学习。不学习，就跟不上时代的要求，满足不了岗位的需要、人民的期盼，不学习就会出现"本领不足、本领恐慌、本领落后"。只有大兴学习之风，坚持学习学习再学习，才能在纷繁复杂的形势下坚持科学的指导思想和正确的前进方向，才能带领人民走对路，才能把中国特色社会主义不断推向前进。

三、安贫乐道不倦

（一）

【原典】

子曰："知之者不如好之者，好之者不如乐之者。"

——春秋《论语·雍也》

【译文】 孔子说："对于修养道德这件事，懂得它的人比不上爱好它的人，爱好它的人比不上以追求它为乐的人。"

（二）

【原典】

子曰："贤哉！回也。一箪食，一瓢饮，在陋巷。人不堪其忧，回也不改其乐。贤哉！回也。"

——春秋《论语·雍也》

【译文】 孔子说："有贤德啊，颜回这个人。吃的是用竹器装的饭，喝的是用木瓢盛的水，住在偏僻简陋的屋子里。别人受不了这种贫困的生活，颜回却仍能乐守其道。颜回是多么贤德啊！"

（三）

【原典】

子贡曰："贫而无谄，富而无骄，何如？"子曰："可也。未若贫而乐，富而好礼者也。"

——春秋《论语·学而》

【译文】子贡说："家境贫困却能不谄媚，生活富足却能不骄矜，这样的人先生怎么看？"孔子回答："能做到这样也算不错了，但还比不上那些穷困却能乐道，富足而崇尚礼仪的人。"

（四）

【原典】

圣人安贫乐道，不以欲伤生，不以利累己。

——（春秋）文子《文子·上仁》

【译文】圣人即使处境穷困，仍乐于坚守信仰，不会因为妄欲而伤损生命，不会因为利益而使自己劳顿。

（五）

【原典】

君子素其位而行，不愿乎其外。素富贵，行乎富贵；素贫贱，行乎贫贱；素夷狄，行乎夷狄；素患难，行乎患难。君子无入而不自得焉。

——《礼记·中庸》

【译文】君子只求安于当下所处之位，做他应该做的事情，不求本分以外的事。处在富贵之位，就做富贵人该做的事情；处在贫贱之位，就做贫贱人该做的事情；处在夷狄，就做夷狄该做的事情；处在患难之中，就做患难之时所该做的事情。君子随遇而安、安心守道，无论何时何地，都能悠然自得。

（六）

【原典】

山不在高，有仙则名；水不在深，有龙则灵。斯是陋室，惟吾德馨。

——（唐）刘禹锡《陋室铭》

【译文】 山不必多么高耸，只要有仙人居住就能闻名天下；水不必多么深邃，只要有龙居住就会有灵气。这间屋子虽十分简陋，但只要我德性美好，就不感到简陋了。

【国学常识】

孔颜气象

"孔颜气象"是指孔子及其弟子颜渊所代表的超凡入圣、安贫乐道的人生境界。一般认为，以孔子为代表的儒家，根本特点就是有以天下为己任的入世精神以及"知其不可为而为之"的执着态度。但是孔子也有"饭疏食饮水，曲肱而枕之，乐亦在其中矣"，"朝闻道，夕死可矣"的一面，对颜渊也有"一箪食，一瓢饮，在陋巷。人不堪其忧，回也不改其乐"的赞赏。最明显的是《论语·先进》中记载，有一次孔子让弟子"各言其志"，前面的子路、冉有、公西华几位都表达了各自的雄心壮志，曾皙最后说，他的愿望是，"在暮春三月，穿上春衣，约上五六个成人、六七个小孩，在沂水里洗澡，在舞雩台上吹吹风，一路唱着歌回家"。孔子听后立刻说："我赞成曾皙的志向！"

朱熹认为，曾皙表达的志向，不过是根据自己所处的地位，在日常生活中自得其乐，绝不夸夸其谈、故作高论。而其悠然自得、各得其所，直与天地万物上下同流的妙趣，隐然自现于言外。由此看来，后代儒家津津乐道的"孔颜气象"，实际上就是指孔子与颜渊所达到的"仰不愧，俯不怍，其乐可知"的一种安贫乐道、悠然自得的精神境界。

【国学故事】

颜回安贫乐道

颜回是孔子最得意的门生，也是孔子认为最能体现"仁"的境界的人，孔子说他"其心三月不违仁"，庄子也很推崇他。他的祖上是鲁国的贵族，但是到他父亲颜路那一辈的时候，就已经没落了，除了保有祖传的贵族身份及颜路的鲁卿大夫头衔外，便只有陋巷简朴的住宅及五十亩郭外之田、十亩郭内之圃了。在生产力极为低下的春秋时期，这一点田产很难维持一个贵族家庭的生计，颜回父子不得不节省开支，简居于陋巷。孔子说他"一箪食，一瓢饮，在陋巷。人不堪其忧，回也不改其乐"，意思是，颜回住在荒僻的巷道里，过着极其艰苦的生活，盛饭用的器皿是竹子做的箪，舀水用的器具是木头做的瓢。要是别人早就不堪忍受了，但是颜回始终专心求道并感到满足、快乐。

颜回曾跟随孔子周游列国，困于陈蔡之间时曾粮绝七日，孔子依然"讲诵弦歌不衰"，其他学生都对孔子此时的行为产生了质疑，只有颜回能理解，认为"夫子之道至大，故天下莫能容"，"是有国者之丑也"。被孔子引为唯一同道："用之则行，舍之则藏，唯我与尔有是夫！"颜回也曾问孔子："愿贫如富，贱如贵，无勇而威，与士交通，终身无患难，亦且可乎？"孔子赞赏他说"虽上古圣人，亦如此而已"。

山东曲阜颜庙

颜回 29 岁时头发全白了，很早便不幸病逝，给世人留下了永远的遗憾。孔子对此也十分伤心。鲁国国君问孔子，所有学生中谁是最好学的。孔子回答说："有颜回者好学，不迁怒，不贰过。不幸短命死矣，今也则亡，未闻好学者也。"

颜回一生没有做过官，也没有留下传世之作，唯有只言片语，收集在《论语》等书中，后世尊其为"复圣"。

【现实启悟】

要"安贫"更要"乐道"

《文子·上仁》中说："圣人安贫乐道，不以欲伤生，不以利累己。""安贫乐道"是中华传统文化给我们留下的宝贵精神财富，在今天具有新的时代意义。其中，"安贫"是关键，"乐道"根本。一般来说，"安贫"不一定"乐道"，但"乐道"一定要"安贫"。对于党员领导干部来说，"安贫"就是要树立正确的名利观、权力观。近年来，山西的"塌方式腐败"和云南的官场"地震"都表现出一些官员不安贫乐道，权力观、金钱观扭曲的"病灶"。

2014年五四青年节，习近平在考察北京大学时，强调"当官就不要想发财，想发财就不要去当官"。同时，"安贫"也不等于"穷自在"，在发展地方经济方面，党员领导干部应当正确利用权力，推动社会发展、人民富裕。在"安贫"的基础上，更重要的还要"乐道"。这里"乐道"也有双重意义，一方面是要乐守、固守为官之"道"，就是要"为民、务实、清廉"，就是要保持干净、淡泊名利，不要为一官半职扭曲自己的人格，不要为蝇头小利损坏自己的形象，本本分分做人，规规矩矩做官。为官之"道"是官员的精神家园，乐"道"、守"道"才能守好"家"，无"道"、丧"道"都会"家破人亡"。另一方面，就是要乐于求道，就是要好学上进。有了浓厚的兴趣，才能变"要我学"为"我要学"，才能如饥似渴地学、积跬步以致千里。

党员领导干部要踏踏实实做人、认认真真做事，做到能"安贫"更能"乐道"，就一定能保持党的纯洁性，就一定能成为社会发展的引领者、公民道德的示范者，成为一个高尚的人、一个脱离了低级趣味的人、一个纯粹的人、一个深受人民群众拥护和爱戴的人。

四、养吾浩然之气

（一）

【原典】

季康子问政于孔子。孔子对曰："政者，正也。子帅以正，孰敢不正？"

——春秋《论语·颜渊》

【译文】季康子问孔子什么是为政之道。孔子回答说："为政，就是要正直、正气、正道。你如果将正道率先垂范，那在下位的人还有谁敢不正呢？"

（二）

【原典】

其身正，不令而行；其身不正，虽令不从。

——春秋《论语·子路》

【译文】在上位的人如果身正行直，那么无需下达指令，人们也会按他的意旨去做；如果自身品行不当，即使三令五申，人们也不会听从。

（三）

【原典】

（公孙丑问曰）"敢问夫子恶乎长？"

曰："我知言，我善养吾浩然之气。"

"敢问何谓浩然之气？"

曰："难言也。其为气也，至大至刚，以直养而无害，则塞于天地之间。"

——（战国）孟轲《孟子·公孙丑上》

【译文】公孙丑问道："请问先生的长处是什么？"

孟子说："我善于从他人言辞中感知情志，我善于培养我存有的浩然之气。"

公孙丑又问："请问什么是浩然之气呢？"

孟子回答说："想说明白浩然之气很难啊。它作为一种气，是最博大刚强，用正义之心去涵养它，不要用恶念恶行去损害它，那么它便能充盈宇宙之间、无处不在。"

（四）

【原典】

富贵不能淫，贫贱不能移，威武不能屈。

——（战国）孟轲《孟子·滕文公下》

【译文】（真正的大丈夫）富贵不能使他腐化堕落，贫贱不能使他改变心志，武力也不能使他低头屈服。

（五）

【原典】

天地有正气，杂然赋流形。下则为河岳，上则为日星。于人曰浩然，沛乎塞苍冥。皇路当清夷，含和吐明庭。时穷节乃见，一一垂丹青。

——（南宋）文天祥《正气歌》

【译文】天地之间有一股堂堂之正气，它赋予万物而变化为各种不同的形体。在大地上即为江河山川，在天上即为日月星辰。在人间被称为浩然正气，这股正气充塞天地满满盈盈。国运太平清明时，它呈现为祥和之气、开明之朝。国难当头时，它化为义士出现，他们的光辉形象永垂青史。

（六）

【原典】

吏不畏吾严而畏吾廉，民不服吾能而服吾公；廉则吏不敢慢，公则民不敢欺；公生明，廉生威。

——（明）年富《官箴》

【译文】在下之人敬畏我，不在于我待人严厉而在于我守持廉洁；百姓信服我，不在于我聪敏能干而在于我秉公办事。为人廉洁，那么下属就不敢轻慢；处事公正，那么百姓就不敢欺蒙。处事公正自然能明辨是非，做人廉洁自然能树立威信。

（七）

【原典】

一丝一粒，我之名节；一厘一毫，民之脂膏。宽一分，民受赐不止一分；取一文，我为人不值一文。谁云交际之常，廉耻实伤；
倘非不义之财，此物何来？

——（清）张伯行《禁止馈送檄》

【译文】"一丝一粒"虽小，却关乎我的名节；"一厘一毫"虽
微，却都是百姓脂膏。多宽待百姓一分，那么百姓所得的就不止一
分；多索取百姓一文，那么我的为人便不值一文。谁说为官交际送
礼收礼是常有之态，这实在是不懂礼义廉耻啊！如果这些馈赠不是
不义之财，那它们又是从哪里来的？

【国学常识】

孟子其人

孟子，名轲，字子舆，战国时期鲁国人，中国古代著名的思想
家、教育家、政治家。他是孔子的嫡孙孔伋（子思）的再传弟子，
继承并发扬了孔子的思想，成为战国时期儒家学派的代表人物。后
世认为他是儒家中仅次于孔子的一代宗师，尊称他为"亚圣"，与孔
子并称"孔孟"。

孟子学说的出发点是"性善论"，提出了"仁政""王道""民
贵君轻"等主张。他与其弟子万章等共同编撰了《孟子》一书，其
中主要是孟子的言论汇编，记录了孟子与其他诸家思想的争辩，对
弟子的言传身教，以及游说诸侯等内容。共有 7 篇 14 卷传世：《梁
惠王》上、下；《公孙丑》上、下；《滕文公》上、下；《离娄》上、
下；《万章》上、下；《告子》上、下；《尽心》上、下。《孟子》
不仅义理精微，而且行文气势磅礴，激情雄辩，极富感染力。南宋
时朱熹将《孟子》与《论语》《大学》《中庸》合在一起称"四
书"，成为后世科举考试的重要内容。

一身正气文天祥

南宋末年，元军大举进攻中原，直逼南宋都城临安。时任赣州知州的文天祥为响应朝廷"勤王"的号召，散尽家资招兵买马，组织了上万人的义军，投身到抗击元军的战斗之中。后来，文天祥兵败五坡岭，自杀未果，在昏迷中被俘并押往崖山。元将张弘范让他写信招降张世杰，文天祥将自己所写的《过零丁洋》一诗抄录给张弘范。张弘范读到"人生自古谁无死，留取丹心照汗青"两句时，也被感动，不再强逼文天祥，而将他送往元大都关押。

元朝平章阿合马想劝降文天祥，要他下跪。文天祥说："南朝宰相见北朝宰相，何跪？"阿合马问："你何以至此？"文天祥正义凛然地说："南朝若早用我为相，你去不了南方，我也不会到你这里来。"在押期间，文天祥收到女儿来信，得知妻子和两个女儿都在宫中为奴，他尽管心如刀割，却不愿因妻子和女儿而丧失气节，

文天祥画像

他在写给自己妹妹的信中说:"人谁无妻儿骨肉之情?但今日事已至此,于义当死,乃是命也。"

后来元世祖忽必烈召见文天祥,亲自劝降,文天祥仍然是长揖不跪。忽必烈许他以宰相之职,文天祥仍不为所动,提出"但愿一死足矣!"忽必烈最终只好下令处死他。

文天祥被押解到刑场,监斩官问他:"还有什么话要说?回奏还能免死。"文天祥喝道:"死就死,还有什么可说的!"然后他面向南方跪拜,说:"我的事情完结了,心中无愧了!"遂英勇就义,死时年仅47岁。

在国家危亡的紧急关头,文天祥以"英雄未肯死前休"的气概,进行了百折不挠的艰苦抗争。在牢狱生活中,文天祥不畏强权,不受利诱,不失气节,还本着"命有死时名不死,身无忧处道还忧"的信念,创作了许多诗歌,总结南宋亡国教训,描述人民的苦难,痛斥卖国奸佞,歌颂战友们以身许国的精神,抒发了一个爱国志士的悲壮情怀。正如他在《正气歌》中所说:"天地有正气","凛冽万古存",他的浩然正气万古长存,永远激励着后人。

【现实启悟】

讲正气,树新风

吴晗在《谈骨气》中写道:"我们中国人是有骨气的",举了"不食嗟来之食"的例子。孟子提出:"富贵不能淫,贫贱不能移,威武不能屈,此之谓大丈夫。"习近平在《摆脱贫困》一书的《从政杂谈》一文中也说:"我认为,高尚的气节是每一个领导者所应有的品质。没有气节,就没有了脊梁骨。"在中国人民抗日战争的壮阔进程中,形成了伟大的抗战精神,其中就包括视死如归、宁死不屈的民族气节,以及不畏强暴、血战到底的英雄气概。可见,气节、骨气,是为人之本、为官之要,更是立国之基。为人讲气节,落到为官上关键就是要讲正气，就是要捍卫原则、守望信仰、引领风尚。习近平指出："要着力净化政治生态，营造廉洁从政良好环境。"政治生态污浊，从政环境就恶劣；政治生态清明，从政环境就优良。政治生态和自然生态一样，稍不注意，就很容易受到污染，一旦出现问题，再想恢复就要付出很大代价。各级党员领导干部只有"立正身、讲原则、守纪律、拒腐蚀"，才能形成一级带一级、一级抓一级的示范效应，积极营造风清气正的从政环境。

五、实践方出真知

（一）

【原典】

知之非艰，行之唯难。

——春秋《尚书·说命中》

【译文】明白道理并不难，用实际行动去践行就难了。

（二）

【原典】

疾之，疾之，万物之师也。为之，为之，万物之时也。强之，强之，万物之指也。

——（春秋）管仲《管子·枢言》

【译文】要抓紧探索的步伐，因为天下万物是如此之广博；要用心努力探索，因为天下万物随时都在变化；要提高探索的能力，因为天下万物之旨如此精深。

（三）

【原典】

言顾行，行顾言，君子胡不慥慥^①尔?

——《礼记·中庸》

【注释】 ①慥慥（zào）：忠厚笃实的样子。

【译文】 为人说话时要考虑自己能不能做到，做事时也要考虑行为与之前说的话是否一致，这样的君子怎么会不忠厚笃实呢?

（四）

【原典】

夫耳闻之，不如目见之；目见之，不如足践之。

——（西汉）刘向《说苑·政理》

【译文】 从别人那里听来的，不如自己亲眼所见的可靠；自己亲眼所见的，又不如躬身实践的可靠。

（五）

【原典】

非知之难，行之惟难；非行之难，终之斯难。

——（唐）魏徵《十渐不克终疏》

【译文】 明白事理不难，就是做起来难；做起来也不难，而是坚持到底最难。

（六）

【原典】

纸上得来终觉浅，绝知此事要躬行。

——（南宋）陆游《冬夜读书示子聿》

【译文】书本上得来的字面知识终究比较浅显，想要透彻地掌握事物之本质，还必须亲身实践。

（七）

【原典】

人之为学，心中思想，口中谈论，尽有千百义理，不如身行一理之为实也。

——（清）钟錂《颜习斋先生言行录》

【译文】一个人做学问，心中所思考的，口中所谈论的，尽管有着千百种道理，但还不如亲身实践一理来得实在。

【国学常识】

中国古代"四大书院"

"书院"是中国封建社会特有的一种教育组织与学术研究机构。其名称始于唐代，最初是官方修书、校书和藏书的场所，后来逐渐发展为由著名学者私人创建或主持的高等学府。它对中国古代教育、学术的发展和人才的培养，都产生过重要影响。

"书院"在宋代最为兴盛。这些书院一般是由私人隐居读书发展为置田建屋、著书收徒，从事讲学活动，设置地点多在山林僻静处，后世认为这是受了佛教禅林精舍的影响。当时比较有名的书院有白鹿洞、岳麓、睢阳（应天）、嵩阳、茅山、石鼓等。而前四者，也就是所谓的宋代乃至中国古代的"四大书院"。

白鹿洞书院

白鹿洞书院位于江西省九江市庐山五老峰南麓后屏山下，因朱熹、陆九渊都曾在此讲学，一时成为"海内书院第一"。岳麓书院位于湖南长沙岳麓山脚，是中国目前保存最完好的一座古代书院。睢阳书院也称应天书院，位于河南省商丘市城南，前身为南都学舍，范仲淹曾在此学习、执教，它也是古代书院中唯一一个升级为国子监的书院。嵩阳书院，位于河南省登封市嵩山南麓，宋代理学支脉"洛学"创始人程颢、程颐兄弟都曾在嵩阳书院讲学。

【国学故事】

东坡不识黄州菊

苏东坡和王安石都是宋朝有名的大才子。有一年秋天的时候，苏东坡到王安石那里拜会。恰好王安石正在会客，苏东坡就在他的书房里等候。苏东坡看到王安石的书桌上有一首刚开了个头的诗："西风昨夜过园林，吹落黄花满地金。"意思是，昨晚西风吹过园林，菊花的花瓣四处飘落，犹如黄金铺满大地。苏东坡心想，这菊花不同于其他的花，它开在秋季，却最能耐久，就是最后干枯了，也不会落瓣呀。他不由暗笑，王安石贵为当朝宰相，却连这点常识都没有。于是，他就自作主张，在诗句下面续写："秋花不比春花落，说与诗人仔细吟。"意思是说，秋菊不像春天的花会落瓣，请诗人你再细细思量一下，不要乱写。写完，也不等见到王安石，他就回去了。

王安石会完客回到书房，看到苏东坡续写的诗，也没有说什么，但是第二天上朝时，就跟皇帝商量，把苏东坡派到黄州做官。苏东坡以为王安石是因为续写诗的事情而报复自己，心里很不服气，但也没办法，只好去黄州上任。他在黄州待了将近一年，转眼间又到了九九重阳节，便邀了几个好友一同去赏菊。当时秋风已经刮了好几日，苏东坡到菊园里一看，只见菊花落了一地，真的像是铺满了黄金，顿时目瞪口呆。友人跟他解释说，菊花通常是不落瓣的，但是黄州这里的品种比较特殊，秋天也落瓣。苏东坡想起自己之前续诗的事，这才明白王安石的用意，从此知道大千世界无奇不有，再不敢轻易笑人。

【现实启悟】

实践出真知

苏东坡作为大才子，也会犯这样的错误，可见我们身边"熟知"却非"真知"的事物，更值得我们小心研究、谨慎对待。"吾生也有涯，而知也无涯"，不见高山、不显平地；不见大海、不知溪流。每个人的认知都是有限的，因此应当加强学习，加强调查研究，没有调研就没有发言权。只有掌握第一手的情况，同时不断在实践中学习，在学习中实践，方能增长知识和才干。自以为是，轻信谣言，"拍脑袋"决策，就可能会像东坡不识黄州菊一般，贻笑大方，自尝苦果。

中国古人讲求"知行合一"，改革开放初期出现的关于"实践是检验真理的唯一标准"的大讨论，其实都是在探讨实践与学习、与认识的关系问题。认识事物的方式有很多，最主要有三种：向书本学、向实践学、向群众学，但它们本质上都是向实践学——书本中的知识，都是前人实践经验的总结，有其历史性、时效性；群众掌握的知识，是广大劳动人民在生产工作实践过程中的经验总结。从实际操作的角度来说，党员干部要深入调查研究，拜群众为师，千万不要醉心于坐机关、看文件，专注于"会来事"、不干事。否则，赵括纸上谈兵、长平兵败被坑40万人就是前车之鉴。

第九篇　大道至简

　　"大道至简"是中国传统文化中的重要观念、重要智慧。我们说"至简",并不是说"大道"本身"简单",大道本身不可能是简单就能领悟、达至的,而是说大道"说"起来很"简明",做起来很"简便"。"说"起来简明,是因为大道中往往蕴含了众多前辈先贤的智慧,先贤们穷极毕生所学,融会毕生经历,通天贯地,最终用几个字、几句话总结出来,比如说孔子的"忠恕",横渠的"四句",王阳明的"四句教"。描述大道的这些语句虽然简短精练,但是直指人心,使人一见便有"醍醐灌顶"之感,因而谓之"简明"。做起来"简便"也不是说很容易做到,而是说,大道揭示了最核心的"规律",抓住了事物发展变化的关键,只要依照而行便不会走上歧路;同时,只要有心、有志、有恒,"人皆可以为尧舜",关键就在于做还是不做、能不能一直按照顺乎大道的要求去做,所以谓之"简便"。此外,"大道至简"并不违背常理与常礼,而是能在恰当的简与适当的繁之间寻求一种辩证统一,过于繁复复杂往往是因为对大道的理解还没有到位。

　　《庄子》中曾经提到一个"梓庆为鐻"的典故,说的是鐻这种乐器非常精巧复杂,但是梓庆做出来的鐻令鬼神都惊叹。而他的诀窍便是,在准备做鐻时,必定斋戒来静养心思,以抛弃那些博取赏赐、爵位和俸禄的思绪,甩开有关外界非议、夸誉等杂念,甚至忘掉了自己的四肢和形体,达到不为外界所扰、不为机心杂念所累的状态后,进入山林,认真观察各种木料的质地,选取好外形与体态最与鐻相合的,这时鐻的形象便呈现于他的眼前,然后只需认真动手加工制作就可以了;若是不能达到这样的状态他就停止不做。梓庆说出来很简明,做起来很方便,但是却只有一个"梓庆",别人都做不出那样精巧的鐻,从中我们可以些微感受到"大道至简"的神韵。

一、抱朴守一

（一）

【原典】

尸鸠①在桑，其子七兮。淑人②君子，其仪一兮。其仪一兮，心如结③兮！

——春秋《诗经·曹风》

【注释】　①尸鸠：布谷鸟。

②淑人：善人。

③心如结：比喻用心专一。

【译文】　布谷鸟在桑树上筑巢，悉心哺育它的七只幼鸟。品性善良的君子啊，仪容端庄、行为专一，心志如磐石一样坚定。

（二）

【原典】

子曰："三军①可夺帅也，匹夫不可夺志也。"

——春秋《论语·子罕》

【注释】　①三军：军队的通称。

【译文】　孔子说："军队的首领可以更换，但有志者的志向不可被改变。"

（三）

【原典】

行衢道者不至，事两君者不容。目不能两视而明，耳不能两听而聪。

——（战国）荀况《荀子·劝学》

【译文】行走在歧路上的人达不到目的地，同时事奉两位君王的人，双方都不能容下他。眼睛不能同时看清楚两样东西，耳朵不能同时听清楚两种声音。

（四）

【原典】

是以志之难也，不在胜人，在自胜也。故曰："自胜之谓强。"

——（战国）韩非《韩非子·喻老》

【译文】因此立志的困难之处，不在于胜过别人，而在于战胜自己。所以说："能够战胜自我，就叫作强。"

（五）

【原典】

石可破也，而不可夺坚；丹可磨也，而不可夺赤。

——（战国）吕不韦《吕氏春秋·季冬纪》

【译文】石头可以被打碎，但其质地依旧坚硬；丹砂可以被研磨，但其色泽依旧朱红。

（六）

【原典】

治天下者，必先立其志。正志先立，则邪说不能移，异端不能惑。

——（北宋）程颢《明道先生文集》

【译文】要想治理好天下，首先必须树立正确的、远大的志向。心中有了志向，就不会被荒谬有害之言改变，也不会被异端邪说迷惑住。

（七）

【原典】

求业之精，别无他法，曰专而已矣。谚曰："艺多不养身"，谓不专也。吾掘井多而无泉可饮，不专之咎也！

——（清）曾国藩《曾国藩家书》

【译文】求学成业之精深，没有别的方法，只是专一罢了。俗话说技艺过多就不能养身，这说的就是不专一。我挖井多，却没掘出泉水可供饮用，都是不专一的过错啊！

【国学常识】

葛洪与《抱朴子》

葛洪，字稚川，自号抱朴子，东晋著名医药学家、炼丹士，是三国方士葛玄的侄孙，世称"小仙翁"。他曾受封为关内侯，后隐居广东罗浮山炼丹。

葛洪一生的主要活动是炼丹和行医，他既是一位儒道合一的宗教理论家，又是一位从事炼丹和医疗活动的医药学家。他敢于"疑古"，反对"贵远贱今"，强调创新，认为"古书虽多，未必尽善"，并在实际的行医、炼丹活动中，坚持贯彻重实验的思想。葛洪阅读大量医书，并注重分析与研究，在行医实践中，总结治疗心得并搜集民间医疗经验，以此为基础，完成了百卷著作《玉函方》，并将其中有关临床常见病、急病及其治疗方法等摘要简编而成《肘后救卒方》三卷，使医者便于携带，以备临床急救检索之需，堪称中医史上第一部临床急救手册。《肘后救卒方》中"天行发斑疮"是全世界最早有关天花的记载。他在炼丹方面也颇有心得，积累了很多化学方面的知识。例如"丹砂烧之成水银，积变又还成丹砂"，即指硫化汞分解的可逆反应。又如"以曾青涂铁，铁赤色如铜"，就描述了铁置换出铜的置换反应。

《抱朴子》是葛洪以其自号名书。分为内、外篇。今存"内篇"20篇，论述神仙、炼丹、符箓等事，纯为道教之言；外篇则论"时政得失，人事臧否"，"外

《抱朴子》书影

篇"中《钧世》《尚博》《辞义》《文行》等篇中还涉及有关于文学理论批评的内容。《抱朴子》还总结了战国以来的神仙理论，确立了道教神仙体系，在道教经典体系中具有重要的地位，同时也是研究我国晋代以前道教史、思想史、科技史的宝贵材料。

【国学故事】

任公子钓大鱼

　　《庄子·外物》中曾经讲过一个寓言故事，说是有位任公子，这个人与众不同，他胸怀大志，为人洒脱。他钓鱼也和别人不一样：做了一个硕大无比的鱼钩，用很粗很结实的黑绳子把鱼钩系牢，用50头牛做鱼饵。不仅如此，他蹲在会稽山上，将鱼钩投到东海中，天天守在那里，别人都嘲笑他异想天开，他也泰然处之。一天过去了，一个月过去了，一年过去了，仍然没有一条鱼上钩，任公子依然从容自若，不为别人的闲言碎语所动。终于有一天，大鱼上钩了！大鱼一咬饵，动静就非同小可，它拼命挣扎，翻滚腾跃，搅得海水动荡，白浪如山，巨大的响动吓坏了方圆千里的人们。经过激烈的较量，任公子终于钓上了这条大鱼。他将这条大鱼剖开晾成鱼干，分给大家吃。从浙江以东到苍梧以北的人都饱餐了这种鱼肉。这时候，那些浅薄多嘴之徒才奔走相告，惊叹于任公子的才能。

　　任公子钓大鱼，绝对是大制作、大手笔，但是更值得称道的是他这种下定决心、坚持到底，不达目的、决不罢休的精神。"无志之人常立志，有志之人立长志"，一个人要成就一番大的事业，就必须有宏大的抱负、广阔的视野，就不能追求一朝一夕之得失，而要按照既定的目标，始终坚持下去，这样才能笑到最后。

发扬钉钉子精神，一张蓝图干到底

人生在世，短短几十年，要想有所作为，说到底就是要确定一个方向，然后坚定不移地走下去。确定方向，就是"立志"，就是要去除杂念、抵御干扰、抗拒诱惑，最终找到一个愿意毕生为之努力的东西。"志向"不能多，真正有一个就足够，多了就分散心思、不能凝心聚力，最终也不可能实现。"立志"之后，人就会有无穷的力量，这个时候如果能继续坚持，遇山开路、遇水搭桥，不管前面有多危险，不管沿途风景有多美，也不管别人议论嘲讽，都坚定不移地走下去，最终就一定能有所"得"，就一定能成功。《大学》中说："知止而后有定，定而后能静，静而后能安，安而后能虑，虑而后能得"，就是这个意思。各级党员领导干部，为官一任，关系一方，也需要"立志"，也需要坚定不移地前行。"立志"就是要科学谋划、认真研究、达成共识，确立方向后"一张蓝图干到底"，保持工作的稳定性和连续性，不能朝令夕改；"坚定不移前行"就是要发扬"钉钉子精神"。习近平同志曾强调："我们要有钉钉子的精神，钉钉子往往不是一锤子就能钉好的，而是要一锤一锤接着敲，直到把钉子钉实钉牢，钉牢一颗再钉下一颗，不断钉下去，必然大有成效。如果东一榔头西一棒子，结果很可能是一颗钉子都钉不上、钉不牢。"只要能做到这些，再高的山峰也能登上，最美的蓝图也终将实现。

二、绝圣弃智

（一）

【原典】

绝圣弃智，民利百倍。

——（春秋）老子《道德经》

【译文】 为政者若能杜绝和抛弃自作聪明之智巧，就会使百姓获得百倍的好处。

（二）

【原典】

人多利器，国家滋昏；人多伎巧，奇物滋起。

——（春秋）老子《道德经》

【译文】 利己之才越多，则营私逐利之事越多，国家滋生混乱之事越多；人们的智能机巧越多，制作出的淫邪奇巧之物越多，则人们的私欲越多。

（三）

【原典】

慧者心辩而不繁说，多力而不伐功，此以名誉扬天下。

—— （战国）墨翟《墨子·修身》

【译文】 有智慧的人心能明辨是非，嘴上却不过多言语；能卖力实干，却不争功邀赏，这就是他们名扬天下的原因。

（四）

【原典】

有机械者必有机事，有机事者必有机心。机心存于胸中，则纯白不备；纯白不备，则神生不定；神生不定者，道之所不载也。

—— （战国）庄周《庄子·天地》

【译文】 使用机械的人必会做机巧之事，做机巧之事就会生机巧之心。人一旦有了机巧之心，人的心灵就不再洁白纯净；心不再洁白纯净，那么人就会欲望丛生、急功近利；人一旦欲望丛生、急功近利，则大道将不复存在。

（五）

【原典】

无思无虑始知道，无处无服始安道，无从无道始得道。

—— （战国）庄周《庄子·知北游》

【译文】 无所思索、无所忧虑才开始明白什么是道，无所安处、无所行动才开始符合道，无所依从、无所方法才开始接近道。

（六）

【原典】

故不乘天地之资而载一人之身，不随道理之数而学一人之智，此皆一叶之行也。

—— （战国）韩非《韩非子·喻老》

【译文】 因此，不利用外在有利条件而仅凭一个人的本事，不顺应客观规律而仅表现一个人的智巧，这都是像三年雕一片树叶一样愚蠢的行为啊！

（七）

【原典】

人之视己，如见其肺肝然，则何益矣。此谓诚于中，形于外，故君子必慎其独也。

——《礼记·大学》

【译文】 他人看待你，似乎就像能看清你的心肺肝脏一样，那么自我掩盖还有什么用呢？这就是说，若心有所诚则必然会昭显于外表。所以，有德君子哪怕独处时，也要谨慎自觉。

【国学常识】

王阳明与"王门四句教"

王守仁，字伯安，浙江余姚人，因曾筑室于会稽山阳明洞，自号阳明子，世人称之为阳明先生，亦称王阳明。他是明代著名的思想家、哲学家、文学家和军事家，陆王心学之集大成者，精通儒释道三家，与孔子、孟子、朱熹并称为孔、孟、朱、王。历任刑部主事、贵州龙场驿丞、庐陵知县、右金都御史、南赣巡抚、两广总督等职，曾平定宁王朱宸濠之乱。他是中国历史上少有的同时"立德、立功、立言"三不朽的"三立完人"。

王阳明早年笃信朱熹的"格物致知"学说，曾"格"了七天七夜的竹子，希望能够格出竹子之理，结果却病倒。后来因反对宦官刘瑾，被贬至贵州龙场当驿丞，在那里读书苦思，有一天突然顿悟，认识到"圣人之道，吾性自足，向之求理于事物者误也"。这就是著名的"龙场悟道"。

王阳明50岁后，专弘"致良知"一说，慨叹："信得致良知三字，真圣门正法眼藏。""我此良知二字，实千古圣贤相传一点滴骨血也。"他在56岁时将自己的思想归纳为四句话，即"无善无恶心之体，有善有恶意之动，知善知恶是良知，为善去恶是格物"。被称为"王门四句教"。

【国学故事】

唐伯虎学画

唐伯虎是明代著名的才子、诗人、画家，留下了"三笑"等许多脍炙人口的传奇故事。据说他从小就喜欢画画，后来也曾跟随当时著名画家沈周学画。

唐伯虎的天分很高，别人学很久才能画出来的东西，他很快就能模仿得很像。加上沈周这位名师的指点，他的画技进步很快，不到一年，就已经显现出大家风范，在附近小有名气。唐伯虎开始有点扬扬自得，觉得自己已经画得很好了，比起老师的画来也毫不逊色，认为从老师那里再也学不到什么了。于是，他借口要回家照顾母亲，向老师提出想早点回家。他还拿出自己的画作请老师点评，实际上是想炫耀自己的画技。

沈周知道唐伯虎的心思，却没有点破。他既没有强留唐伯虎，也没有看他的画作，只是请他到自己房间来吃饭送别。沈周的房间里有一扇窗户，窗外景色宜人，沈周说，屋子里有点闷，让唐伯虎过去开窗通风。唐伯虎走到窗边，伸手开窗，可谁知那"窗"怎么开也开不了，只好问老师："这窗户是上锁了吗?"沈周笑笑说："你看仔细了再开。"

唐伯虎听了老师的话，又仔细一看，这才发现，那哪是什么窗户，只是老师画在墙上的一幅画而已。老师这画有远景有近景，画得十分逼真，以至于被唐伯虎误认作是窗户。唐伯虎这才明白了老师的用意，羞愧地向老师承认了错误，继续留下来认真学画。此后，唐伯虎改变了以

善和坊裏李端端信是

能行白牡丹誰信揚州金

滿市臙脂價到屬酸

唐寅畫并題

清

李端端像　明　唐寅

往的态度，学画不再耍小聪明，而是认真聆听老师的教导，细细琢磨、勤加练习，终于成为一代大师。

【现实启悟】

少耍"小聪明"，多长"大智慧"

唐伯虎其实是天分高、有才气的一类人的代表，我们纵观历史可以发现，有很多一开始很有才气的人，最终并没有取得重大的成果，反倒是一些资质平常的人，通过努力获得了了不起的成就。唐伯虎也多亏了沈周的"提醒"，才认识到问题，痛改前非，终有所成。其实，无论是学本领还是干事业，都没有捷径可走，只有专注认真、不断努力，才能有所成。如果仗着有一点小聪明，一点"急智"，钻空子、走捷径、偷奸耍滑，终究是不长久、"不可持续"的，基础不打扎实，最终肯定要出问题。

"小"与"大"是一对重要的范畴，小事中有大道，"小节"中有"大节"，处理好二者之间的轻重关系，可见"大智慧"。要少耍小聪明，俗话说，玩火者必自焚，玩弄权术，贪小便宜，偷奸耍滑，投机钻营，可能一时得逞，但往往是聪明反被聪明误，终究会搬起石头砸自己的脚，难成大器，还要"吃大亏"。习近平在《摆脱贫困》中说："领导的威信从哪里来？靠上级封不出来，靠权力压不出来，靠耍小聪明骗不出来，只有全心全意、尽心竭力、坚持不懈为人民办事，才能逐步地树立起来。"各级党员领导干部只有"戒小用大"，"以小见大"，才能有大格局、大气魄、大胸怀，才能有"大智慧"。

三、天下之事必作于细

（一）

【原典】

不矜细行，终累大德；为山九仞，功亏一篑。

——春秋《尚书·旅獒》

【译文】 不顾惜小节方面的修养，终究会损伤大德；就像堆积一座山，已经堆到九仞，却不肯将最后一筐土覆上去而放弃，最终功败垂成。

（二）

【原典】

图难于其易，为大于其细。天下难事，必作于易；天下大事，必作于细。是以圣人终不为大，故能成其大。

——（春秋）老子《道德经》

【译文】 解决困难之事，要从它的简易之处谋划；处理重大之事，要从它的细小之处做起。天下的难事，必须从容易处做起；天下的大事，必须从细微处着手。因此，圣人始终不自以为大，所以能够成就他的伟大。

（三）

【原典】

为之于未有，治之于未乱。

——（春秋）老子《道德经》

【译文】 做事，要在事情尚未发生之时，就安排着手；治理国政，要在混乱没有出现之时，就及早准备。

（四）

【原典】

合抱①之木，生于毫末；九层之台，起于累土。

——（春秋）老子《道德经》

【注释】 ①合抱：两臂围拢，形容树木粗大。

【译文】 合抱粗的大树，生长于细小的嫩苗；九层高的楼台，起始于积累的泥土。

（五）

【原典】

故良医之治病也，攻之于腠理①。此皆争之于小者也。夫事之祸福亦有腠理之地，故圣人蚤②从事焉。

——（战国）韩非《韩非子·喻老》

【注释】 ①腠（còu）理：皮肤、肌肉的纹理。

②蚤（zǎo）：通"早"，及早。

【译文】 所以良医治病，趁疾病还在表皮时就着手诊治，这是在疾病刚萌发时就及时处理。世间祸福也有刚露苗头之时，所以圣人能及早加以处理。

<h2 style="text-align:center">（六）</h2>

【原典】

有形之类，大必起于小；行久之物，族必起于少。

——（战国）韩非《韩非子·喻老》

【译文】 有形状的东西，大的东西必定从小的东西发展而来；经久不衰的事物，众多的东西，必定从细微的开始积累起来。

<h2 style="text-align:center">（七）</h2>

【原典】

千丈之堤，以蝼蚁之穴溃；百尺之室，以突隙之烟焚。

——（战国）韩非《韩非子·喻老》

【译文】 千丈长堤，因小小蝼蚁营窟而溃决；百尺高屋，因烟囱裂缝中漏出的火星而焚毁。

<h2 style="text-align:center">（八）</h2>

【原典】

其心不失于一物之细，而后可以胜天下之大。

——（明末清初）顾炎武《日知录》

【译文】 君子不轻视细微、小节之处，如此锤炼，而后才能承担天下大业。

"华夏""九州"与中国古代"天下观"

在中国传统文化当中，"天下"具有双重内涵，既是理想的伦理秩序，又是对以中原为中心的世界空间的想象。"天下"之伦理价值来自于天道，而天道与人道相通，天意通过民意而表达，天下也就因此拥有了既超越、又世俗的伦理价值。而从空间的角度讲，天下观念也是不断变化的，在战国时代，天下只是以华夏为中心，方圆三千里的九州，而到了汉代，天下则成为包含夷狄在内、方圆万里的辽阔疆域，最终在隋唐时期形成了以中原九州为中心、向东亚乃至世界呈同心圆辐射的结构。

华夏也称"夏""诸夏""华"或"诸华"，起源于华胥氏，是古代居住于中原地区的部落民族的自称，以区别"四夷"（东夷，南蛮，西戎，北狄）。在周朝时，凡遵周礼、守礼义之族人，称为华

炎黄二帝巨型雕塑

人、华族、夏人、夏族，通称为诸华、诸夏，将"华""夏"作为中原，"夷"与"裔"作为四方。大约从春秋时代起，"华"与"夏"开始连用，合称"华夏族"。后来，"华夏"又称中华、中夏、中土、中国。

"九州"二字在春秋时期的钟鼎文中已有记载，但未具体指出九州名称。《尚书·禹贡》中说，大禹治水时将天下划为九州，第一次定冀州、兖州、青州、徐州、扬州、荆州、豫州、梁州、雍州为九州。后来各家的说法也不一，但"九州"也逐渐与"华夏"一样，成为"天下"和"中国"的代称。

【国学故事】

一屋不扫，何以扫天下

东汉时期有一个人叫陈蕃，他胸怀大志，少年时代便发愤读书，以天下为己任。有一天，他父亲的老朋友薛勤到家里做客，看到他独居的小院内杂草丛生、东西扔得到处都是，就提醒他说："你怎么不打扫一下屋子，以招待宾客呢？"陈蕃回答："大丈夫处世，当扫天下，安事一屋乎！"意思是说，大丈夫应当时刻以匡扶天下为己任，哪里顾得上打扫一间屋子这样的小事呢？哪知道薛勤当即反问他道："一屋不扫，何以扫天下？"陈蕃听了无言以对。从此，他开始注意从身边的每一件小事做起，最终积累了渊博的学识，成为一代名臣。

有的时候，我们像陈蕃一样，立下大志向，便容易忽略身边的小事。殊不知，天下的大事都要从小事做起，细小的事情可能会关乎最终的成败。《弟子规》中说："房室清，墙壁净，几案洁，笔砚正。"意思是说，书房要整理清洁，墙壁要保持干净，读书时，书桌上的笔墨纸砚等文具要放置整齐，不得凌乱，触目所及皆是井井有条，才能静下心来读书。

【现实启悟】

从小事做起，从百姓关心的事做起

《曾国藩家训》中提到，家中兄弟子侄都要记住"考、宝、早、扫、书、蔬、鱼、猪"八字。可见，打扫房间这样的小事，其实反映的是我们个人的习惯、修养、品性，最终也会影响我们的行为，决定我们的成败。所以，从小事做起，从细节抓起，才能放下高傲、学会谦卑，才能戒除"眼高手低"，防微杜渐，走向成功。

习近平曾说过："治理天下是难事大事，却必从小事做起。实现好、维护好、发展好人民利益，不是抽象的，而是具体的，可能就在如何落实好一个农民工的工资，解决好一个儿童的上学，帮助好一个青年的就业之中。中国已经进入改革的深水区，我们需要有宏大的顶层设计，但绝不是好高骛远。脚踏实地，一件事一件事去办，一个难关一个难关去过，积少成多，积沙成塔，才是事业发展的根本方法。"治国如此，做具体工作更是如此。当前，个别党员领导干部，好高骛远、好大喜功、急功近利，表面上看他们是想做大事、做成事，实质上都是自己的虚荣心、表现欲在作怪，归根到底都是因为没有摆正自己的位置、没有树立正确的观念。古人说："不积跬步无以至千里，不积小流无以成江海。"只有明确"群众事情无小事"的观念，在此基础上步步为营、稳扎稳打，才能化繁为简、化整为零、化险为夷，一步一个脚印走出中国特色社会主义繁荣发展之路。

四、居敬而行简

（一）

【原典】

多言数穷^①，不如守中^②。

——（春秋）老子《道德经》

【注释】 ①数穷：多次失败。

②守中：中，通"冲"，指内心虚静。守中，持守虚静。

【译文】 为政者如果政令繁多而屡次失败，就可能会疲于应付千变万化的复杂局面。还不如内心处虚守静而把握住根本，以不变应万变。

（二）

【原典】

居敬而行简，以临其民，不亦可乎？居简而行简，无乃大简乎？

——春秋《论语·雍也》

【译文】 自处时内心恭敬而行事时简约不扰民，用这种方式来治理百姓，不也可以吗？自处时内心简慢而行事时简易，那不就过于简单草率了吗？

（三）

【原典】

天下之贤主，岂必苦形愁考虑哉？执其要而已矣。雪霜雨露时，则万物育矣，人民修矣，疾病妖厉去矣。故曰尧之容若委衣裘，以言少事也。

——（战国）吕不韦《吕氏春秋·开春论》

【译文】 天下贤明的君主，难道一定要身心劳累、愁苦思虑吗？其实治国理政只需抓住要害即可。雪霜雨露自然而降，那么万物就会自生自长，百姓就能休养生息，疾病和灾祸就不会来临。因此，尧帝的仪容总是那么悠闲从容，因为他顺应自然、简化政令不扰民。

（四）

【原典】

然吾居乡，见长人者①好烦其令，若甚怜焉，而卒以祸。且暮吏来而呼曰："官命促尔耕，勖②尔植，督尔获，早缫③而绪，早织而缕，字而幼孩，遂而鸡豚④。"鸣鼓而聚之，击木而召之。吾小人辍飧饔⑤以劳吏者，且不得暇，又何以蕃吾生而安吾性耶？故病且怠。若是，则与吾业者其亦有类乎？

——（唐）柳宗元《种树郭橐驼传》

【注释】 ①长（zhǎng）人者：为人之长者，指当官治民的地方官。

②勖（xù）：勉励。

③缫（sāo）：煮茧抽丝。

④豚（tún）：猪。

⑤辍飧饔（sūn yōng）：飧，晚饭。饔，早饭。辍飧饔，停下早饭、晚饭。

【译文】但是我住在乡里，看见那些官吏总来发号施令，表面上像是很怜爱百姓，终究却使百姓受祸害。那些小吏每天早晚都跑来大声宣布："长官命令你们：赶紧耕地，快些种植，速速收获，早点煮茧抽丝，早些织好麻布，管好你们的孩子，养好你们的鸡和猪。"一会儿打鼓召集大家，一会儿敲梆子号令大家，我们这些平头百姓只能立马停止吃早饭、晚饭，赶紧去慰劳那些小吏。整天忙得连个吃饭的工夫都没有，我们怎么能正常地生活，人心怎么会安定呢？所以我们那个乡啊，既穷困，每天又得疲于应付官吏。用这种看似治民反而扰民的办法为政，大概和我种树的行当也有相似之处吧？"

（五）

【原典】

夫政不简不易，民不能近；平易近民，民必归之。

—— （明）冯梦龙《智囊·知微》

【译文】如果一个国家的政令烦琐而复杂，同时又不易执行，那么百姓将不能和君主亲近；君主平易而亲近百姓，那么百姓必然归依。

（六）

【原典】

太公封于齐，五月而报政。周公曰："何疾也？"曰："吾简其君臣，礼从其俗。"

—— （明）冯梦龙《智囊·知微》

【译文】姜太公被周王封于齐后，过了五个月就来向周王报告政事。周公问道："你处理政事怎么这么快？"姜太公回答："我只是简化了齐地君臣上下之礼，同时又注意遵从当地习俗。"

福建省宁德市寿宁县冯梦龙塑像

【国学常识】

三礼

"三礼"之名始于东汉郑玄，指《周礼》《仪礼》和《礼记》。

《周礼》，原称《周官》，西汉末刘歆始称《周礼》。传说为周公旦所作，分天官、地官、春官、夏官、秋官、冬官六篇，"六官"象征天地四方六合，体现了"以人法天"的思想。汉代时"冬官"篇已失传，汉儒后来取《考工记》补之。《周礼》内容极为丰富，主要讲述各种名物、典章、制度。

《仪礼》简称《礼》，亦称《礼经》或《士礼》，晋代始称《仪礼》，传说为周公制作、孔子订定。先秦、西汉所谓"五经"中的《礼》，皆指《仪礼》。《仪礼》有《士冠礼》等17篇，详尽地叙述了先秦贵族生活中的各种主要礼节仪式。

《礼记》，一般指西汉戴圣所编的《小戴礼记》，是秦汉以前儒家各种礼仪著作选集，有《曲礼》《檀弓》《王制》《礼运》等49篇，其中《中庸》《大学》两篇后来被朱熹列入"四书"。《礼记》反映的基本内容多系先秦古制，亦录有一些孔子及其弟子的言论。唐以后，《礼记》地位愈加重要，逐渐超越《周礼》和《仪礼》。此外尚有戴圣之叔戴德所编的《大戴礼记》。

"三礼"之学是中国古代礼乐文化的核心，对中国后世政治制度、社会思想、文化传统、伦理观念影响深远。

【国学故事】

画蛇添足

古时候，楚国有一家贵族举办祭祖仪式，请了很多人帮忙。仪式结束之后，还剩有祭祀用的一壶酒，于是主人就赏给那些帮忙办事的人喝。可是帮忙办事的人很多，这壶酒却太少，一个人一口可能都不够分，更别说喝个痛快了。大家正在那里不知如何是好，这时有个人提议说，不如在场的每个人，都在地上画一条蛇，大家同时开始，看谁画得最快，这壶酒归谁，他一个人可以喝个痛快。大家也没想到更好的办法，于是都同意了，一起开始在地上画起蛇来。

其中有个人，画得很快，一转眼就画好了。他再看看别人，还都没有画好呢，有的人才刚画了个身子。这个人十分得意，心想，他们画得真慢，还得再显示下自己的本领才好，也让他们输得心服口服。于是，他便一手提着酒壶，一手又捡起一根树枝，给蛇画起脚来，还嘲笑别人说："你们画得都好慢啊！我再给蛇画几只脚都来得及呢！"

正当他一边画着脚，一边得意的时候，另外一个人也已经画好了。那个人马上把酒壶从他手里夺了过去，说："你这画的哪里是蛇啊？蛇是没有脚的，你却给它添上了脚，这根本不是蛇。所以第一个画好蛇的人不是你，是我！"那个人说罢，就仰起头来，把一壶酒都喝下去了。给蛇画脚的那个人目瞪口呆，却又无可奈何，大家也纷纷嘲笑他画的"蛇"。

【现实启悟】

"乱干预"使不得

"蛇"本来是没有脚的，这个人都已经画好了，又自作聪明地加上脚，最后把已经到手的美酒拱手让给了别人。我们看这个人都觉得他很可笑，但仔细想想，我们在工作生活中，有的时候也喜欢增加一些本来不必要的东西、不必要的环节，人为地把事情搞得很复杂。如果画一条蛇，没有尾巴，或者没有眼睛，那肯定画的不能算是蛇，但是蛇本来是没有脚的，画上了脚就是多余的了。做事情的时候，有一些必要的环节、必走的程序必须走到，就像画尾巴和眼睛一样，但是对于当前出现的要证明"我是我""你妈是你妈"等这一类"蛇脚"般的事情，还是当去则去，才能让老百姓"少折腾"，才能腾出精力来为老百姓"办实事"。

李克强在2015年的政府工作报告中提出："大道至简，有权不可任性。"这里"至简"的意思就是要"居敬而行简"。作为党员领导干部，"居敬"就是要敬畏人民、敬畏手中的权力，"行简"就是不要乱用手中的权力，不要用太繁多的政令来扰民。这与当前我国政府"简政放权"的理念是吻合的。但是"居敬而行简"后面还有一句话，是"无乃大简乎？"就是说，太"简"了也不行，就过于简慢、怠慢，就没有法度了。所以李克强提出，简政放权的同时，还要"放""管"结合，要把握好其中的平衡。

第十篇　复返自然

"自然"的理解有很多种，但是最重要的至少有三个层面的意义。首先是规律层面，"自然"就是"自然而然"，就是顺"道"而行，事情按照其固有的规律发展变化，便是"自然"。在这一层面的意义上，人最重要的就是要有"自知之明"，要有所"止"、知"不能"，既然安危祸福皆为常态，荣辱兴替都是自然，那么就当学会安时而处顺、事过而放空，最好能达到一种"不以物喜，不以己悲"的境界。其次是心灵层面、精神层面，"自然"是一种心灵的自由与天性的解放，一种"与天地精神独往来"的精神境界。在传统中国士人那里，这一心灵的"自然"、自由，往往是与"山水""田园"联系在一起，所以有陶渊明复归田园、王维寄情山水。山水田园寄托了传统中国人的"乡愁"，是俗世中的一片"净土"，纷扰中的一个"家园"。心中常怀田园山水，才能出淤泥而不染，保持悠远心境，以出世的心态做入世的事情。最后是物质层面、物理意义上的"自然"，即我们现在所谓的"自然界"。人与自然的关系是人类社会最基本的关系，自然界是人类社会产生、存在和发展的基础与前提，人类可以通过实践活动有目的地利用自然。保护自然环境就是保护人类，建设生态文明就是造福人类。只有按照尊重自然、顺应自然、保护自然的理念，节约资源、保护环境，才能全面推进生态文明建设，实现中华民族永续发展。

一、安时而处顺

（一）

【原典】

何谓宠辱若惊？宠为上，辱为下；得之若惊，失之若惊，是谓宠辱若惊。

——（春秋）老子《道德经》

【译文】 为什么说得宠和受辱会感到惊恐不安呢？得宠为上，受辱为下；得到宠辱感到内心不安，没有得到宠辱内心也会不安，这就是得宠、受辱都会使内心惊恐的道理。

（二）

【原典】

且夫得者，时也；失者，顺也。安时而处顺，哀乐不能入也，此古之所谓县解也。而不能自解者，物有结之。

——（战国）庄周《庄子·大宗师》

【译文】 再说生命的获得，是因为适时而得；生命的丧失，也是因为顺应变化。安于大道之时而顺应处之，哀伤和喜乐都不会轻易侵入内心，这就是古人所说的天然地解脱了倒悬之苦。然而，不能实现自我解脱的人，是因为受到了外物的束缚。

（三）

【原典】

故曰：至人无己，神人无功，圣人无名。

—— （战国）庄周《庄子·逍遥游》

【译文】所以说：达到极致的人能破除自我偏执，达到忘我之境；神化难测的人能顺应自然大道，达到无求于功之境；境界极高的人摒绝名分，达到无所依待之境。

（四）

【原典】

古之人外化而内不化，今之人内化而外不化。与物化者，一不化者也。安化安不化？安与之相靡？必与之莫多。

—— （战国）庄周《庄子·知北游》

【译文】古时候的人能随应外物而变化，而内心持守凝寂；现在的人内心无法持守凝寂，又不能随应外物而变。能随物而化的人，内心必是守一。对待外境的变与不变，都能安然任之、悠然自得，必定会与外物一道变化而不会有所偏移。

（五）

【原典】

夫物有常容，因乘以导之。因随物之容，故静则建乎德，动则顺乎道。

—— （战国）韩非《韩非子·喻老》

【译文】 万物有其常貌常态，应当因势利导。顺应了万物的常态，处静时就能保养本性，处动时就能顺应规律。

（六）

【原典】

故智者之养生也，必顺四时而适寒暑，和喜怒而安居处，节阴阳而调刚柔，如是则僻邪不至，长生久视。

——《黄帝内经》

【译文】 因此，明智之人的养生方法，必是顺应四季节气，适应气候寒暑变化；平和喜怒哀乐，安定生活起居；节制阴阳偏衰，调节刚柔而相济。如此，虚邪贼风无从入侵，便可益寿延年、不易衰老。

（七）

【原典】

非淡泊无以明志，非宁静无以致远。

——（三国蜀）诸葛亮《诫子书》

【译文】 不求眼前名利、看轻得失，才能有明确的志向；不保持清静安宁、倾注于学习，就不能实现远大的理想。

【国学常识】

汤显祖与"临川四梦"

汤显祖，字义仍，号海若，自署清远道人，晚年又号茧翁，江西临川（今抚州市）人，一生经历嘉靖、隆庆、万历三朝，是明代最伟大的文学家、戏剧家，被称为"中国的莎士比亚"。汤显祖出身书香门第，不仅精于古文诗词，而且能通天文地理、医药卜筮。他34岁中进士，在南京先后任太常寺博士、詹事府主簿和礼部祠祭司主事，后辞官归隐，潜心于戏剧及诗词创作。

汤显祖最具代表性的四部传奇剧作，即《紫钗记》《邯郸记》《南柯记》《牡丹亭》，因为都与"梦"有关，所以被合称为"临川四梦"，也叫"玉茗堂四梦"。其中汤显祖自己最得意、对后世影响最大的当数《牡丹亭》。这些剧作不但为中国人民所喜爱，而且已经传播到英、日、德、俄等很多国家，被视为世界戏剧艺术的珍品。

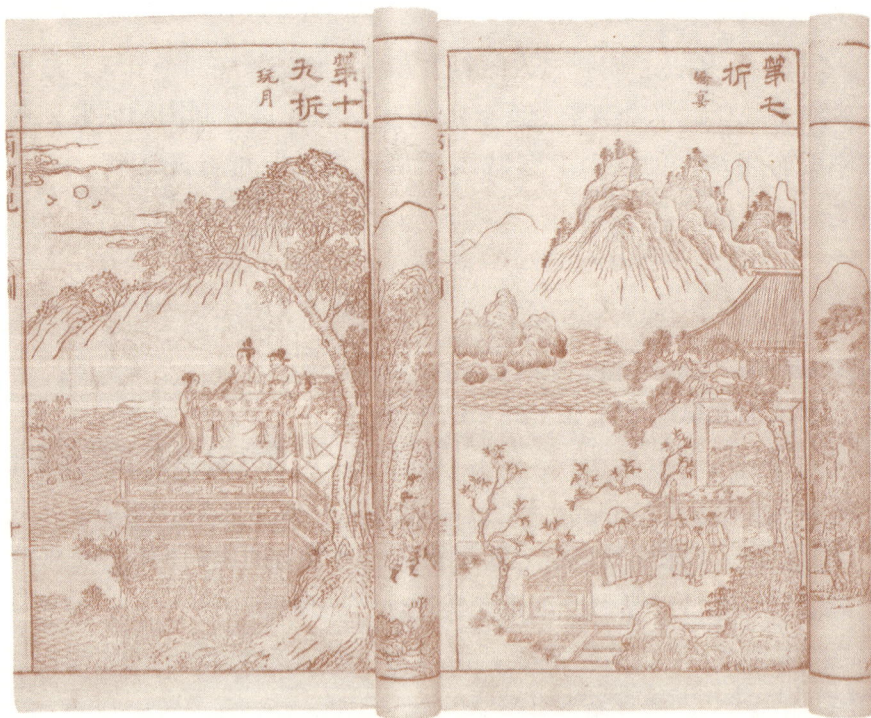

汤显祖"临川四梦"书影　明刻本

与汤显祖同时代的王思任，用"《紫钗记》，侠也；《牡丹亭》，情也；《南柯记》，佛也；《邯郸记》，仙也"概括了"四梦"的"立言神旨"。从戏曲文学的角度而言，"临川四梦"地位突出，其艺术造诣之高、对人生处境探索之深、对角色内心刻画之细，可说在中国传统戏曲中无与伦比。不仅如此，"临川四梦"里还有一些超越时代的思想探索与人文关怀，如质疑荣华富贵的意义与价值，同情妇女的社会处境，肯定女性的主体意识等。这也是"临川四梦"为什么跨越百年，依然能在舞台上活跃的重要原因。

【国学故事】

南柯一梦

相传唐代有个叫淳于棼的人，一天他过生日，在自家门前的大槐树下和朋友饮酒作乐，喝得酩酊大醉，被仆人扶到廊下小睡。迷迷糊糊之中，淳于棼看到远处来了一驾马车，车上下来两个紫衣使者请他上车，说是槐安国国王邀请他到槐安国去。淳于棼还没反应过来，就已经上了马车，朝着大槐树下的一个树洞驰去。马车穿过树洞，眼前豁然开朗，到了另一片世界。又前行了数十里地，来到一座城池前，只见那里行人络绎不绝，十分繁华，城门上悬着金匾，写着"大槐安国"四字。这时又有使者出门相迎，说国王已经招他为驸马，择日就让他与金枝公主完婚。淳于棼十分惶恐。不觉婚礼已成，国王又委任他为"南柯郡太守"，让他带着公主前去上任。淳于棼到任后勤政爱民，把南柯郡治理得井井有条，前后二十余年，上受国君器重，下得百姓爱戴，还有了五子二女，个个都与皇室显贵联姻，官位显赫，家庭美满，一时十分得意。

不料这时檀萝国突然入侵，淳于棼率兵抗敌，屡战屡败，金枝公主又不幸病故。淳于棼连遭不测，又失去国君宠信，遂辞去太守职务。国君恩准他回故里探亲，仍由两名紫衣使者送行。不一会儿，车驶出树洞，到了淳于棼家中，他只见自己身子睡在廊下，一下惊醒过来，发现仆人还在打扫院子，两位友人在一旁喝茶聊天，太阳还没有落山呢。他这才知道自己做了一个梦，梦中好像已经整整过了一辈子。淳于棼把梦境告诉众人，大家感到十分惊奇，一齐寻到大槐树下，果然掘出一个很大的蚂蚁洞，旁边有孔道通向南枝，又发现有一个小蚁穴。淳于棼恍然大悟，原来梦中的"槐安国""南柯郡"就是这两个蚂蚁洞。

当淳于棼在梦中贵为驸马、治郡有成时，一切都是那么的美满，但是随着敌国来侵、公主病逝，这一切转眼间就都没了。"南柯一梦"终归是梦，终有醒来的时候，只是心境已经不同了。而我们站在绵延千年的历史长河之中，也会发现"是非成败转头空"，人生短短数年，其实也如同大梦一场，看明白了，也就能看开了、看淡了，人也就豁达了。人世间的权力、金钱、地位、名誉都如同浮云一般，只有"立德、立功、立言"这样有意义的事情，才能在历史中留下些微的印记。

【现实启悟】

学会保持"平常心"

中国传统文化历来强调修身养性，像范仲淹的"不以物喜，不以己悲"，诸葛亮的"非淡泊无以明志，非宁静无以致远"等，都是一种超然的人生境界。领导干部，手中握着实权，在面对清贫、寂寞、诱惑面前，能否经得起考验，是衡量领导干部信仰和意志是否坚定的重要标准。事实证明，领导干部一旦失去了平常心，必然会被物欲所困，被名利所累，陷入极端个人主义的泥坑不能自拔，最终走上腐化堕落的邪路。

领导干部保持一颗平常心，一要以清醒的头脑评价自己的德才。能否清醒地认识和把握自己，是一个领导干部是否成熟的重要标准。有自知之明的人，能够找准人生坐标，正确认识自己的长处和短处，切实做到"知不足"。反之，自高自大、盲目自负的人，则往往容易脱离现实，迷失方向，看问题错位。二要看轻自己。不论职位升迁多高，始终把自己视为一名普通的群众。常忆苦思甜，饮水思源；

要明白自己的职位、权力是党和群众赋予的，自觉扑下身子，和群众打成一片，为群众全心全意服务，永远不失一名普通群众的本色。三要要以感恩的心态对待组织和群众。感恩是中华民族的传统美德，也是一种明智的处世态度。一个不知感恩的人，是素质不全面的人；一个缺乏感恩的集体，是没有凝聚力、战斗力的集体。四要淡泊名利。时刻保持清醒头脑，以镇定的理性和充分的定力抵挡住各种诱惑，真正做到"宠辱不惊，闲看庭前花开花落；去留无意，坐看天外云卷云舒"，正确用好手中的权力，不唯利是图，不投机取巧，做到两袖清风，洁身自好，管得住手脚，经得起考验。五要加强学习。政治上的坚定来自于理论上的清醒，领导干部只有坚持勤奋学习，才能有坚定的政治信念和判别是非的具体标准。要坚持用科学理论武装头脑，以勤奋学习为先导，不断增强学习的主动性、自觉性，努力提升理论水平和工作能力，为筑牢拒腐防变的思想道德防线打下坚实的基础。

二、事过而放空

（一）

【原典】

哀公问社于宰我。宰我对曰："夏后氏以松，殷人以柏，周人以栗，曰使民战栗。"子闻之曰："成事不说，遂事不谏，既往不咎。"

——春秋《论语·八佾》

【译文】鲁哀公问宰我，祭祀土地神的神坛该种哪种树木为宜。宰我回答说："夏朝用松树，商朝用柏树，周朝用栗子树。用栗子树是为了让老百姓战栗，对国家有畏惧。"孔子听说此事，说："事已成，无需再提了；事已行，也无需再进谏了。已经过去的事情就不必再追究了。"

（二）

【原典】

泉涸，鱼相与处于陆，相呴①以湿，相濡以沫，不如相忘于江湖。与其誉尧而非桀也，不如两忘而化其道。

——（战国）庄周《庄子·大宗师》

【注释】①呴（xǔ）：吐气。

【译文】 泉水干涸了，有两条鱼被搁浅在陆地上，它们互相吐着湿气滋润着对方，又用唾液沾湿彼此的身体。然而对于鱼来说，与其在干涸的陆地上如此患难友爱，还不如回到江河湖海中各自游走，相忘于江湖。与其赞誉尧帝而谴责夏桀，不如将这些都忘掉，而同化于大道之中。

（三）

【原典】

一切有为法，如梦幻泡影，如露亦如电，应作如是观。

——《金刚经》

【译文】 一切随因缘和合而生而灭的法相，都是虚幻空无的，犹如梦幻泡影，犹如露水闪电一样，我们应当以空观世界。

（四）

【原典】

命由己造，相由心生，世间万物皆是化相，心不动，万物皆不动，心不变，万物皆不变。

——《无常经》

【译文】 人的命运由自己来创造，面相由人内心催生反映，世间万物都是虚幻不实的，只要人心念不动，那么万物都不动，心念不生变化，那么万物都不会变化。

（五）

【原典】

登斯楼也，则有心旷神怡，宠辱偕忘，把酒临风，其喜洋洋者矣。

——（北宋）范仲淹《岳阳楼记》

【译文】 登上岳阳楼，心胸一下开阔，精神顿时振作；曾经的荣光和屈辱一并忘却了，端着酒杯，迎着微风，这心情真是舒畅愉快极了。

（六）

【原典】

风来疏竹，风过而竹不留声；雁度寒潭，雁去而潭不留影。故君子事来而心始现，事去而心随空。

——（明）洪应明《菜根谭》

【译文】 微风拂过，疏疏落落的竹林沙沙作响，但是当风吹过后，竹林并没有留下风声，仍归于寂静；大雁飞过寒潭，雁影倒映到水面上，可是大雁飞离寒潭后，水面依旧一片清澈而不见大雁的踪影。可见，君子遇事则心用功，事后则心又恢复了原先空虚平静的本性。

【国学常识】

洪应明与《菜根谭》

洪应明，字自诚，号"还初道人"，是一位久居山林的隐士。他早年热衷于仕途功名，晚年归隐山林，有《菜根谭》《仙佛奇踪》等作品传世，与袁黄（了凡）、冯梦桢等人曾有交往。

《菜根谭》成书于明代万历中后期，是以处世思想、生活艺术、审美情趣为主要内容的格言式小品文集，采用语录体，采儒、道、佛三家之精髓，以道为底本，同时糅合了儒家的中庸思想。该书文辞优美，简练明隽，融经铸史，耐人寻味，体现了古代士人将传统道德生活化的倾向，是一部有益于人们陶冶情操、修炼意志的通俗读物，对于正心修身、养性育德，具有潜移默化的力量。

《菜根谭》产生于明代统治较为腐败黑暗的万历中后期，因此有重构文化、重整风气的内在诉求。它将重构社会文化心态的起点落在每一个社会成员的自身修养之上，要求人们"昨日之非不可留"，认为错误不加以彻底改正，终有一日会死灰复燃，阻碍人们对事理、天理的追求，因此人们在闲暇无事之时就要认真反省自身是否有"杂念"存在。而士人一旦去除杂念，有"百折不回之真心"，也就能有无穷无尽的智慧妙用，获得真正的"自在"。

【国学故事】

庄子鼓盆而歌

惠施和庄子是多年好友，他听说庄子的妻子过世了，便前去吊唁，也想顺道安慰一下庄子。可是当他到达庄子家的时候，却惊讶地发现，庄子岔开两腿坐在地上，手里拿着一根木棍，面前放着一只瓦盆。庄子就用那根木棍一边有节奏地敲着瓦盆，一边唱着歌。

惠施看到庄子这个样子，有些看不下去了。他怒气冲冲地走到庄子面前，庄子略微抬头看了他一眼，依旧敲盆唱歌。惠施终于忍不住问他："你的夫人跟你一起生活了这么多年，为你养育子女、操持家务。现在她不幸去世，你不伤心、不流泪也就罢了，竟然还敲着瓦盆唱着歌。你不觉得这样做有些过分了吗？"

庄子这才缓缓地站起身，脸上显出一丝悲戚。庄子说："妻子去世我哪里能不难过呢？她刚刚离去的时候，我何尝不是泪流满面？只是细细想来，妻子最初是没有生命、没有形体、没有气息的，后来从一片混沌中，经过变化而产生气息，继而产生形体，最终产生生命。如今她死去，又返回到没有生命没有气息的状态。这种变化，就像春夏秋冬四季那样运行不止。现在她静静地安息在天地之间，而我却还要哭哭啼啼，那不是太不通达了吗？所以我才止住了哭泣，在这里鼓盆而歌啊！"

河南省民权县的庄子井

　　庄子用"道眼"勘破生死，认为人的生命是由于气之聚，人的死亡是由于气之散，把生死视为一种自然的现象；认为生死的过程不过是像四时的运行一样。且不说他的说法是否科学，但是这种看透生死的豁达心态，却是十分难得的。我们有时也会因为亲人朋友的离开而难过，因为事情的困扰而烦恼，这时一种"事过则忘"的通达心态就非常重要。只有放下过去沉重的"包袱"，"轻装上阵"，才能更好地前行。

【现实启悟】

做好压力管理

面对当前发展中遇到的一些困难和问题，各级干部都会不同程度地感受到一些压力。习近平在同中央党校第一期县委书记研修班学员座谈时讲道："越是责任重大的岗位，遇到的压力肯定会越大，这就叫有担当。党看干部就是看肩膀，看能不能负重，能不能'超负荷'。"但是压力也需要有个度，过度的压力也会有负面影响。习近平在《之江新语·化压力为动力》中也曾写道："井无压力不出油，人无压力轻飘飘，把压力转化为动力，可以促进工作，提高质量。但压力过大，超过承受程度，也会影响情绪，走向反面。"所以，党员领导干部必修的一门功课就是要做好压力管理。从自身来说，就是要学会自己给自己"卸包袱"，要善于"分权"，学会利用团队的力量干大事；同时，在做事之前要认真研究、谨慎决策，一旦事情开始做了，就要一鼓作气，不能瞻前顾后，给自己徒增烦恼；一件事情做完了，要给自己一段调整总结的时间，让思想放空，让身体休整，让灵魂回归。从管理的角度来说，就是要发挥"调压器"的作用，适时给下属的干部"增压"和"减压"，使其始终保持一种"常压"的工作状态，以更好地调动和保护各方的积极性。

三、天育物有时，地生财有限

（一）

【原典】

天地节而四时成，节以制度，不伤财，不害民。

——战国《周易·节》

【译文】 天地有节制，因而春夏秋冬才得以形成；社会用制度进行节制，就不会浪费财物，不会损害百姓。

（二）

【原典】

不违农时，谷不可胜食也；数罟①不入洿池②，鱼鳖不可胜食也；斧斤以时入山林，材木不可胜用也。

——（战国）孟轲《孟子·梁惠王上》

【注释】 ①数罟（cù gǔ）：细密的渔网。
②洿（wū）池：大池。

【译文】 不违背农作物耕种的时节，谷粮就会吃不完；细密的渔网不放入大的池沼里捕捞，鱼鳖就会吃不完；顺应大自然的时令采伐山林，木材就会用不尽。

（三）

【原典】

竭泽而渔，岂不获得？而明年无鱼。

—— （战国）吕不韦《吕氏春秋·孝行览》

【译文】 抽干湖水捕鱼，怎么可能捕不到鱼呢？但如果这么做的话，明年就无鱼可捕了。

（四）

【原典】

凡寰卫贡职，山渊采捕，皆当详辨产殖，考顺岁时，勿使牵课虚悬，睽忤气序。

—— （南朝梁）沈约《宋书·孝武帝本纪》

【译文】 为国执行任务的人员，上山狩猎、下水捕鱼，都要仔细地考察动物产仔的时间，要顺应时节，不要违背节令，以致气机不顺。

（五）

【原典】

新泷等州，山田拣荒平处锄为町畦①。伺春雨，丘中聚水，即先买鲩鱼子，散于田内。一二年后，鱼儿长，食草根并尽。既为熟田，又收鱼利。及种稻，且无稗草。乃养民之上术。

—— （唐）刘恂《岭表录异》

【注释】 ①町畦（tǐng qí）：田间小陇。

【译文】 百姓在新泷等地的山区和田野中，选了一些无人耕种又齐整的平地，开垦锄地，将荒地变成小陇纵横的田地。等到春雨来临，丘中聚集了一些水，就买一些鲩鱼的鱼籽撒到田里。过了一两年后，鱼儿逐渐长大，把田里的草根吃尽了。如此，原先的田地就变为了熟田，同时又收取了养鱼的好处。等到种上水稻，田里就没有稗草了。这就是养民上策。

（六）

【原典】

天育物有时，地生财有限，而人之欲无极。以有时有限奉无极之欲，而法制不生其间，则必物暴殄而财乏用矣。

—— （唐）白居易《策林》

【译文】上天孕育万物有一定的时限，大地生养万物也有一定的时限，但人的欲望却无穷无尽。用有时有限的万物去满足人无穷无尽的欲望，这中间又没有法令的制约，那么必定会糟蹋灭绝天地万物，导致自然界的资源匮乏。

（七）

【原典】

古人长抱济人心，道上栽松直到今。今日若能增种植，会看百世长青阴。

—— （南宋）吴芾《咏松》

【译文】古人向来怀有惠济他人之心，他们在路边栽种的松树直到今天还存活着。如今，如果我们能继续栽种松树，那么百世之后，人们将看到百世松树屹立、华盖荫荫。

五谷六畜

"谷"原来是指带壳的粮食，像稻、黍（亦称黄米）等外面都有一层壳，所以都称作"谷"。"五谷"的意思是指古代的五种主要的粮食。《诗经》《尚书》等古籍里面，都只有"百谷"的说法，到了《论语·微子》那里，才有"四体不勤，五谷不分"的说法。从"百谷"到"五谷"，并不是粮食作物的种类减少了，而是人们逐渐有了比较清晰的分类概念，将作物的不同品种归为一类，最终归纳出五种最主要的粮食作物。对于"五谷"具体的解释主要有两种：一种说法是稻、黍、稷、麦、菽（即大豆）；另一种说法是麻（麻子）、黍、稷、麦、菽。这主要跟我国早期的经济文化中心在北方，稻是南方作物，后来才逐渐成为主要粮食作物有关。随着社会经济

五谷杂粮

和农业生产的发展，"五谷"的概念也在不断演变着，现在它实际只是粮食作物的总称，泛指各种粮食作物。

我们祖先早在远古时期，根据自身生活的需要和对动物的认识，先后选择了马、牛、羊、鸡、狗和猪进行驯化饲养，经过漫长的岁月，逐渐成为"家畜"，也被合称为"六畜"。古人还把六畜中的马、牛、羊列为"上三品"，鸡、狗、猪列为"下三品"。《三字经训诂》中，有对"此六畜，人所饲"的评述，"牛能耕田，马能负重致远，羊能供备祭器"，"鸡能司晨报晓，犬能守夜防患，猪能宴飨速宾"，意思是说六畜各有所长，人类为了经济或其他目的而驯养，在漫长的农业社会里，它们为人们的生产生活提供了基本保障。"六畜"全都入选"十二生肖"，在中国人的传统观念中，"六畜兴旺"还代表着家族人丁兴旺、吉祥美好。

【国学故事】

稷之马将败

春秋时期，有一个叫东野稷的人，他以驾车技术高超而闻名于世。后来，东野稷去谒见鲁庄公，在庄公面前演练。他驾驶马车前进和后退时，车轮轧出的痕迹都像用墨斗线画出的一样笔直；他驾车绕圈时，车辙印如同用圆规画出来的一样圆。鲁庄公看了非常高兴，意犹未尽地叫东野稷沿着一条车辙，朝着相反的方向，再来回绕一百圈。一直侍立在一旁的颜阖看到这种情况，就走上前去对鲁庄公说："东野稷的马要出错了。"鲁庄公默不做声，没有理会他。谁知没过一会儿，东野稷果然马失前蹄，弄了个人仰马翻。这时，鲁庄公才问颜阖，你怎么会预料到他将要出错了呢？颜阖回答说："之前的演练中，马的力气差不多已经耗费完了，再让它跑那么多圈，马肯定是受不了的，所以我料定它会出问题。"

东野稷的马堪称良马，他的驾车技术也很高超，然而最终出现

· 326 ·

演练失败的结果,是因为鲁庄公的要求超过了马的体力所许可的限度。试想,当一匹马不得不将所有力气用于拉车奔驰时,它还有什么体力去维持平衡呢?继续让马跑下去,还要让它"画"圆圈,失败就更是在所难免了。

【现实启悟】

走可持续发展之路

发展才是硬道理,但是如果我们眼中只有发展、只唯发展,而无视环境、资源等的承载能力,"只摘果子不种树",那么发展就丧失了意义,发展就不可持续,子孙后代的生活就会失去保障。《中共中央关于制定国民经济和社会发展第十三个五年规划的建议》明确指出:促进人与自然和谐共生。有度有序利用自然,调整优化空间结构,划定农业空间和生态空间保护红线,构建科学合理的城市化格局、农业发展格局、生态安全格局、自然岸线格局。设立统一规范的国家生态文明试验区。

环境、资源的保护、节约,与发展是相辅相成、辩证统一的,发展并不是只有一种模式可选。我们建设生态文明,不是要放弃工业文明,回到原始的生产生活方式,而是要认识到资源环境有一定的承载限度,要以资源环境承载能力为基础,以自然规律为准则,以可持续发展为目标,建设生产发展、生活富裕、生态良好的文明社会。当前,有一些地方、一些领域,以无节制消耗资源、甚至破坏环境为代价换取发展,导致能源资源、生态环境问题越来越突出,耕地逼近18亿亩红线,水土流失、土地沙化、草原退化情况严重;一些地区由于盲目开发、过度开发、无序开发,已经接近或超过资源环境承载能力的极限。这些情况说到底都是急功近利的思想在作怪,是"竭泽而渔""杀鸡取卵""饮鸩止渴"之举。

四、天人合一

（一）

【原典】

大人与天地合其德，与日月合其明，与四时合其序。

——战国《周易·乾》

【译文】境界极高之人合于天地大道，合于日月的光辉，合于四季的时序。

（二）

【原典】

天地运而相通，万物总而为一。

——（西汉）刘安《淮南子·精神》

【译文】天地运行相通，万物归于天道。

（三）

【原典】

千变万化兮，未始有极。忽然为人兮，何足控抟；化为异物兮，又何足患！

—— （西汉）贾谊《鹏鸟赋》

【译文】　千变万化的大道没有终极。偶然生而为人，哪里值得贪恋呢？化为他物，又有什么值得担忧的呢！

（四）

【原典】

天人之征，古今之道也。孔子作《春秋》，上揆①之天道，下质诸人情，参之于古，考之于今。

—— （东汉）班固《汉书·董仲舒传》

【注释】　①揆（kuí）：度量、测量。

【译文】　天和人相互验证，从古至今都是这个道理。孔子作《春秋》，上揆测天道，下体察人情，参照于古代，考究于今时。

（五）

【原典】

天地，物之最巨。人，于物之最灵。天人，一也。宇宙在乎手，万化生乎身。

—— （宋末元初）李道纯《中和集》

【译文】　天地，是万物中最广大的；人，是万物中最具灵性的。天人合一，上下四方、古往今来都掌握在人的手中，万事万物化生出了人。

（六）

【原典】

　　天地万物，其情无一毫不与吾身相干涉，其理无一毫不与吾身相发明。

——（明）吕坤《呻吟语》

【译文】 天地万物之情，没有一丝一毫不与我相联系；天地万物之理，没有一丝一毫不与我相激发而彰显澄明。

【国学常识】

庄子与《逍遥游》

　　庄子，名周，战国时期宋国人。约与孟子同时或稍晚，中国历史上有重要影响的哲学家，是继老子之后，战国时期道家学派的代表人物，后被唐玄宗诏封为"南华真人"，与老子合称"老庄"。他生平只做过宋国地方的"漆园吏"，史称"漆园傲吏"。楚威王曾聘他为相，庄子拒而不受，后"终身不仕"。他认为万物起源于"道"，而人的生死只不过是"道"发展变化过程中的一个短暂环节。

　　庄子天才卓绝、想象丰富而奇特，"其学无所不窥"，文章纵横开阖、汪洋恣肆，并多用寓言故事。留下了"濠梁之辩""鸱得腐鼠""鼓盆而歌""庄周梦蝶"等著名的逸事典故。他著有《庄子》一书，亦称《南华真经》，原书52篇，现存33篇，其中的名篇有《逍遥游》《齐物论》等，在中国学术思想史、文学史、美学史上都占有重要地位。

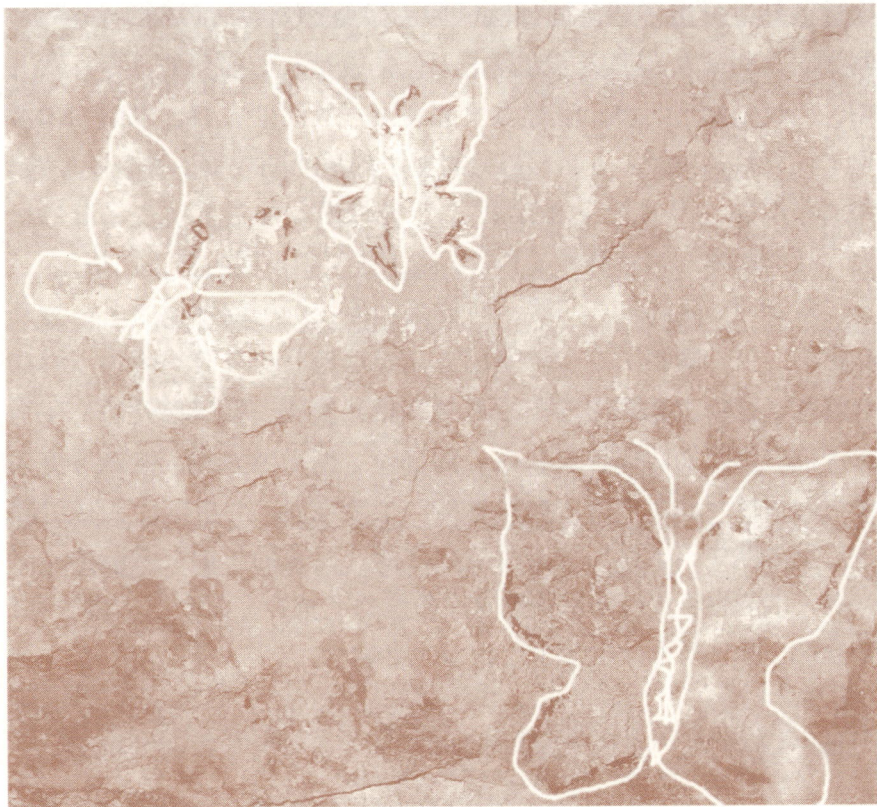

庄子隐居地——河南省伊川县白元村庄子洞内的石蝴蝶

【国学故事】

陶渊明复归田园

陶渊明一生有三次出仕、三次归隐，从太元十八年（393 年）初次出仕到义熙三年（406 年）辞去彭泽县令，正好 13 年整。他最后一次出仕，是元兴三年（404 年），受刘裕之邀去做参军。之后，又转做江州刺史刘敬宣的建威参军，时间有两年多。后来他在进京办事时，见到了堂叔陶夔，表露了回乡隐居的意愿，堂叔让他慎重考虑，可以先走一条"中隐之路"，就是去做个地方上的小官。陶渊明遂跟刘裕提出了自己的想法，回去后便被刘敬宣任命为彭泽令。陶渊明辞别家人，来到了彭泽县上任，做了八十多天的县令。一开始，他也是励精图治，清查县里面富人家的壮丁人数，以减少摊派给平民百姓的税赋。不料却因此得罪了郡里面的权贵，被督邮发难，陶渊明愤言"不为五斗米折腰"，于是借着妹妹过世前去吊唁的机会，挂印彭泽，彻底离开了官场，走上了复归田园的隐居之路。

陶渊明一生的多次归隐，有的是因为权臣想利用他的名声提高自己的声望，陶渊明重振晋室的志向难以施展；有的是因为当时社会混乱，官场生态恶劣，钩心斗角、相互倾轧。但归根到底，还是由于他对田园生活那种发自内心的喜爱。也正因如此，他描写田园生活的诗作开辟了中国古典诗歌的一个新境界，为中国士人在治国平天下之外找到了另一片安身立命之所。后来的王维、孟浩然、储光羲、韦应物等大诗人都是他这一传统的继承者，而李白、白居易、辛弃疾、苏轼等人，也多少受到他的影响。

【现实启悟】

和合生谐

"天人合一"，是中国哲学最为重要的思想之一，是儒释道等各家学说共同追求的精神高度与人格境界。虽然具体到各个学派理论、各个历史阶段里都各有不同释义，但"天人合一"的精髓，其实主要体现为一种物我之间的融会贯通，一种心灵的自由与天性的解放，一种人类与自然之间的协调统一关系。国学大师钱穆先生晚年曾指出，"天人合一"理论，是中国文化对人类最大的贡献。我们应该以科学的态度对待传统文化。习近平指出："中华文化崇尚和谐，中国'和'文化源远流长，蕴涵着天人合一的宇宙观、协和万邦的国际观、和而不同的社会观、人心和善的道德观。"他还明确指出："如果抛弃传统、丢掉根本，就等于割断了自己的精神命脉。""天人合一"及其背后的"和合"观念、"和谐"思想，突破了以西方思维方式为代表的"二元"对立的世界观念，给予世界另一种可能性，人与自然之间、国家与国家之间、个体与个体之间，不再只是彼此对立，不再只能你死我活，不再只有零和博弈，而是能够通过和而不同、合作共赢，达到一种人与自然共谐、国与国同进、人与人相安的状态。

天人合一、和合生谐，这就是中国传统思想中蕴藏着的解决当代世界难题的重要启示。